ESSAI

SUR LE PATOIS LORRAIN

PATOIS DE FILLIÈRES (canton de Longwy)

(Extrait des *Mémoires de l'Académie de Stanislas*, 4ᵉ série, t. VIII et X.)

ESSAI

SUR LE

PATOIS LORRAIN

PATOIS DE FILLIÈRES (canton de Longwy)

PAR

M. CLESSE

MEMBRE DES SOCIÉTÉS D'ARCHÉOLOGIE ET D'HISTOIRE DE NANCY,
BAR-LE-DUC, LUXEMBOURG, ETC.

Iʳᵉ PARTIE. — GRAMMAIRE ET TEXTES PATOIS

NANCY

IMPRIMERIE BERGER-LEVRAULT ET Cⁱᵉ

11, RUE JEAN-LAMOUR, 11

1879

UN PATOIS LORRAIN

Par M. CLESSE

PRÉFACE

Nous assistons en ce moment à une des plus grandes transformations que les campagnes aient jamais traversées, la plus grande, bien certainement, depuis leur affranchissement au moyen âge. Sous le souffle tout-puissant du progrès, qui a répandu l'aisance sur elles, et qui commence à y introduire l'instruction, elles s'élèvent rapidement vers l'unité et l'uniformité, abandonnant sur leur chemin les anciens vêtements traditionnels, les usages et les idiomes, qui les distinguaient des villes, et qui donnaient à chaque contrée, je dirais presque à chaque localité de la France, une physionomie particulière et distincte.

Sans doute, depuis quelque temps, la France a fait de grands et heureux progrès dans ses institutions politiques ; elle a en outre orné sa capitale et ses principales cités d'embellissements merveilleux ; mais nulle part le changement n'a été plus grand et plus efficace que dans les moyens de circulation, depuis le chemin vicinal jusqu'au chemin de fer, et nulle part ce changement n'a produit autant d'effet que dans les campagnes. Où est le temps où un voyage à Paris semblait une entreprise aventureuse, où le piéton apportait une ou deux fois par mois au village la correspondance officielle et quelques rares lettres, où la présence d'un étranger dans la commune était un événement et où plus d'un paysan mourait sans jamais avoir perdu de vue son clocher? Ce temps n'est pas bien loin, et il n'est pas nécessaire d'être fort avancé en âge pour en avoir été témoin.

Mais, depuis lors, les campagnes se sont éveillées de leur sommeil cent fois séculaire, elles se sont ouvertes au commerce, aux voyages, à l'instruction; les idées et les modes nouvelles s'y sont répandues, et le vieil idiome de nos pères, dépaysé au milieu de tous ces changements, se voit à la veille de disparaître lui-même, et d'être bientôt partout détrôné par cette jeune langue française à laquelle il a donné naissance.

Quelque goût que l'on puisse avoir pour les choses d'autrefois, on ne peut s'empêcher d'applaudir à ce mouvement ascensionnel des masses, qui rapproche les populations des campagnes de celles des villes et qui tend à en faire une seule et même famille, parlant le même langage, ayant la même éducation et unie dans les mêmes habitudes, les mêmes idées, les mêmes tendances. Qu'on le

veuille ou non, du reste, ce fait est constant et nulle
puissance au monde ne pourrait ni l'arrêter, ni le
changer, puisqu'il est l'accomplissement de la loi
même que Dieu a donnée à l'humanité dès son berceau. Mais si, de toute manière, il nous est interdit
d'empêcher le temps d'étendre sa main sur le passé
et d'en accumuler chaque jour et irréparablement
les ruines autour de nous, nous devons d'autant
plus soigneusement en conserver le souvenir et en
sauver les débris.

Que les patois, par exemple, pour ne parler que
du sujet qui nous occupe, viennent à disparaître
complétement, quel vide regrettable cette dispari-
tion ne produirait-elle pas dans l'histoire des lan-
gues et des origines de la grande famille indo-euro-
péenne? Cette langue était parlée par nos vieux
parents du moyen âge, mais eux-mêmes la tenaient
en partie de leurs ancêtres, les Gaulois et les Celtes,
et surtout des Romains, qui y apportèrent, en dernier lieu, le plus considérable élément, auquel
vinrent s'ajouter quelques expressions germaniques.
C'est dans quelques mots de ces divers dialectes que
l'érudition moderne à su retrouver le lien qui unit
la plupart des peuples européens entre eux, et qui
lui a permis de remonter à travers leurs migrations
jusqu'à la race primitive des Aryas, leur souche
commune. C'est ainsi qu'avec quelques débris d'osse-
ments épars, Cuvier reconstituait dans son ensemble
la structure d'animaux disparus et marquait leur

parenté avec les familles existantes. Aussi, toutes les sociétés savantes, et notamment l'Académie de Stanislas, de Nancy, et la Société archéologique de la même ville, ont-elles été frappées de l'importance qui s'attache à un genre d'étude qui pourrait sembler, au premier abord, en être complétement dépourvu, et ont-elles provoqué, depuis quelques années surtout, des travaux et des recherches autour de cette œuvre dont l'intérêt n'est pas seulement local, mais général, et devant laquelle la science la plus étendue reste impuissante, si le patois manque à ses connaissances.

J'ai considéré comme un devoir, quant à moi, de répondre à cet appel, et de faire preuve de bonne volonté. J'apporte donc ici un patois du canton de Longwy, et particulièrement le patois de Fillières, dont personne, bien certainement, ne s'est encore occupé, et qui m'est le plus familier, comme étant celui que j'ai entendu parler autour de moi dans mon enfance.

Outre les nuances qui le distinguent des autres patois lorrains, même de ceux qui en sont le plus rapprochés, il présente, une particularité qui doit être assez rare, si je ne me trompe, car je ne l'ai rencontrée nulle part ailleurs : c'est d'avoir trois manières différentes de s'exprimer à la seconde personne du singulier dans la plupart des temps des verbes, suivant le degré de supériorité, d'égalité, d'infériorité ou d'affection où l'on se trouve vis-à-vis de la personne à qui l'on parle, ainsi que nous l'expliquerons un peu plus loin.

Ce travail se composera d'une espèce de grammaire, comprenant les règles du patois, en tant qu'on peut en établir, d'un dictionnaire et d'un appendice contenant les expressions propres au patois lorrain. J'ai cru devoir y ajouter par-ci par-là quelques termes de comparaison empruntés au patois messin, afin de montrer les différences qui existent entre ce patois et le nôtre (¹). Ces différences, d'ailleurs, existent non-seulement entre le patois lorrain et le patois messin ; elles se rencontrent aussi, à un degré plus ou moins prononcé, entre les divers dialectes lorrains, ainsi que l'on pourra le remarquer par les divers spécimens que nous en donnons à la fin de cette première partie, et qui sont telles qu'on ne peut bien se rendre compte du patois lorrain qu'en comparant entre eux les nombreux dialectes dont il se compose. C'est pourquoi un travail comme celui-ci, sans utilité peut-être s'il restait isolé, ne peut manquer d'en acquérir en se réunissant à d'autres études du même genre.

(¹) Ces parties ne sont pas reproduites ici, l'Académie n'ayant ordonné que l'impression de la *Grammaire* de M. Clesse.

ESSAI

SUR LE PATOIS LORRAIN

PATOIS DE FILLIÈRES (Canton de Longwy)

---

§ 1. Observations préliminaires.

Ce qui caractérise surtout le patois en général, c'est :

1° Qu'il est rapide, bref et plein d'élisions.

2° Qu'il ne possède ni mots longs, ni mots scientifiques. Il n'a peut-être pas la moitié des mots de la langue française.

3° Qu'il ne fait jamais sonner les liaisons à la fin des mots, si ce n'est l'*s* à la fin de l'article *les*, et du pronom *lous* pour *leur* ou *leurs*.

4° L'*e* des articles *le, de,* et des pronoms *je, me, te, se, ce,* ne se prononce jamais : quand il se fait entendre parfois, c'est avec l'accent aigu.

5° L'adverbe de négation *pas* n'existe pas en patois ; ainsi pour dire :

il n'y en a pas,	*on dit :*	n'y a n'ait pont.
je ne l'ai pas vu,	—	jé n'l'a-me vu.
je ne sais pas,	—	j'n'a saïe rin.
je ne pense pas,	—	jé n'pense mie.
je ne crois pas,	—	jé n'creus-me.

6° La terminaison en *er* et *é*, si commune dans les verbes et les adjectifs français, n'existe pas non plus dans notre patois, où elle est remplacée le plus souvent par la désinence *aïe,* et quelquefois par *ü*.

7° C'est surtout dans les terminaisons des verbes à leurs différents temps que se rencontre la différence la plus sensible entre le français et les divers patois, comme nous le ferons voir par les conjugaisons, dont nous donnerons quelques exemples.

8° Une particularité assez remarquable du patois, c'est d'employer, dans les verbes, la première personne du singulier pour la première personne du pluriel :

<pre>
j'avans,   —   nous avons.
j'chantins,   —   nous chantions.
</pre>

9° Une autre, c'est de mettre un *s* au pronom *leur,* quand il est régime indirect, et de le faire suivre invariablement d'un *y,* avec lequel il le fait sentir :

<pre>
j'lous y avans bailli,   — nous leur avons donné.
j'lous y a racontaïe,   — je leur ai raconté.
v'lous y aveux vendu,   — vous leur avez vendu.
</pre>

10° Une autre encore, c'est de se servir presque exclusivement de l'auxiliaire *avoir,* même pour les verbes neutres et les verbes pronominaux :

<pre>
l'avant arrivaïe à midi.   — ils sont arrivés à midi.
i s'avant battus.   — ils se sont battus.
</pre>

11° Remarquons enfin que le patois n'est pas une langue plus grossière qu'une autre ; seulement il est parlé par des gens étrangers aux délicatesses du langage, et qui ont l'habitude des jurements et des expressions énergiques. Plus on remonte, du reste, dans la formation du français, plus on y trouve de ressemblance avec le patois sous tous les rapports, même sous le rapport de la crudité des mots. Qui oserait écrire aujourd'hui comme Rabelais ?

§ 2. ALPHABET. PRONONCIATION.

Le français et les différents dialectes patois, ayant une origine commune, n'ont qu'un seul et même alphabet, emprunté au latin. Cependant le patois, celui notamment dont nous nous occupons, a des prononciations qui n'appartiennent qu'à lui, et que l'alphabet ordinaire est impuissant à rendre. Ainsi les mots : *awe* (eau), *alliawe* (ailleurs), *mawe* (moult, beaucoup), *pawe* (peur), se prononcent d'une manière qui n'a pas d'analogue dans la langue française. C'est quelque chose comme le *au* des Allemands ; nous avons employé, pour rendre ce son, le double *w* suivi d'un *e* muet ; c'est la seule manière d'en donner une idée, avec observation que dans *awe* (eau), l'*a* est long, tandis que dans la plupart des autres mots qui ont cette terminaison, il est bref. La terminaison en *ii*, de certains participes et de certains adjectifs, ne peut pas s'exprimer non plus avec l'alphabet français. Ce n'est pas *i* tout

court, ni *é-i* séparément. Cela ressemble à la prononciation de la dernière syllabe des mots *taillis,*
fouillis, dont on ne ferait pas entendre les *l, tai-i,*
foui-i. Exemple : *acrammii* (entremêlé).

Il y a encore deux autres terminaisons qui se rencontrent très-souvent dans notre patois, et qui lui
donnent une expression choquante pour les oreilles
qui n'y sont pas habituées : ce sont les terminaisons
aïé et *aÿe,* qui correspondent aux désinences françai-
ses en *é, er* et *ée.* Allongez un peu ces désinences,
vous aurez *éie,* ouvrez un peu plus la bouche, vous
avez *aïe* et *aÿe.*

La première se prononce comme l'interjection
aïe ! comme *paille, volaille,* sans faire sentir les *l.*
Ainsi quand je dis : *Aus-ce qué v'ollaïe ?* (où allez-
vous ?) je prononce *v'ollaïe* absolument comme dans
cette phrase : *Combien cette volaille ?*

La seconde, *aÿe,* se prononce en appuyant sur
l'*a,* qui devient long, comme dans *Versāilles,* tel
que certains Parisiens le prononcent, et dans *faye,*
ruban de soie.

Le patois se distingue encore du français, sous
le rapport de la prononciation, même dans les
noms qui leur sont communs :

1° Ainsi le *g,* lorsqu'il précède l'*e* muet à la fin
d'un mot, comme dans *village, ménage, fromage,* se
prononce comme *ch,* et l'*a* devient bref : *villăche,*
ménache, froumăche.

Au commencement et dans le corps de certains mots le *g* se change en double *w*; exemple :

garder,	*qui fait :*	wardaïe.
gaufre,	—	wave.
guèpe,	—	wape.
guère,	—	wa.
regarder,	—	rewati, rewardaïe.

2° L'accent se modifie : ainsi, l'accent aigu sur l'*é* final des mots s'allonge généralement pour se terminer en *aïe* et en *aÿe* au féminin, comme nous l'avons vu. L'accent grave, au contraire, et l'accent circonflexe dans le corps des mots, se transforment en accent aigu; ainsi :

bêche,	*fait*	béche.
bête,	—	béte.
chêne,	—	chéne.
crème,	—	créme.
hêtre,	—	héte.
tête,	—	téte.

REMARQUE : L'accent aigu, en patois, représente généralement un son bien plus fermé qu'en français.

Il en est de même des mots en *ai, ei* ou *er*, ainsi :

marraine,	*fait*	maréne.
neuvaine,	—	neuvéne.
peine,	—	péne.
perte,	—	pérte.
terre,	—	térre.

3° Lorsque l'accent grave ou l'accent circonflexe ne se transforment pas en accent aigu, les voyelles longues deviennent brèves, ainsi :

Bière,	*fait*	bierre.
lèvre,	—	leffe.

lièvre,	*fait*	lieufe.
lumière,	—	lumierre.
connaître,	—	counaitte.
nôtre,	—	notte.
vôtre,	—	votte.
quête,	—	quette.
rivière,	—	rivierre.
tempête,	—	tempette.

4° Par contre, une voyelle brève devient quelquefois longue, comme dans :

bal,	*qui se prononce*	bâl.
carte (à jouer),	—	cârte.
quarte (mesure),	—	quârte.
cou et coup,	—	coû et coûp.
trou,	—	troû.

Ces différentes modifications varient plus ou moins d'un village à l'autre. Il n'y a pas deux villages, si rapprochés qu'ils soient, où l'on parle le patois de la même manière et où l'accent soit le même. Ces différences deviennent de plus en plus sensibles avec la distance et suivant les circonstances. Les environs de Metz, par exemple, n'ont jamais parlé l'allemand, mais leur patois ne se distingue pas moins du patois lorrain par certains sons gutturaux qu'il a empruntés au voisinage de la langue allemande. Il semblerait même qu'il y a une certaine relation entre la nature du sol et le langage de ceux qui le cultivent. Ainsi, dans les grosses terres, le patois est généralement plus lourd et d'un accent plus épais. Il se peut aussi que ce soit là l'accent primitif de notre pays, et qu'il se soit d'autant

mieux conservé dans les grosses terres où les chemins
étaient si souvent impraticables, et où les paysans
vivaient isolés et éloignés de toute communication
et de tout frottement.

§ 3. Transformation du patois en français.

Le français n'étant autre chose que l'idiome na-
tional, tel qu'il se parlait dans les Gaules quelque
temps après l'invasion des Francs et dont il s'est
éloigné de plus en plus avec le temps, c'est lui qui
s'est transformé et non le patois. En signalant ci-
dessous quelques-unes de ces transformations dont
on retrouve la trace dans nos vieux écrivains, nous
devrions donc dire qu'elles se sont opérées du patois
au français et dans quel sens. Mais les idiomes patois sont tellement nombreux et variés qu'il est
impossible de dire, par exemple, que le français a
abandonné telle terminaison plutôt que telle autre,
quand les patois ont, pour les mêmes mots, des
terminaisons si différentes suivant les contrées,
quelquefois même suivant les villages. Seulement,
quand nous allons dire que le patois change dans
les mots français telle terminaison, telle lettre,
telle diphthongue, d'une manière ou d'une autre,
il sera bien entendu que nous ne parlons que de
notre patois, et que ce n'est pas lui qui a changé.

1° La diphthongue *ai*, dans le corps des mots,

est souvent changée en *a* dans le patois, comme dans :

déplaire,	*qui fait en patois*	déplare.
défaire,	—	défare.
faire,	—	fare.
frais (dépens),	—	fras.
jamais,	—	jamas.
maire,	—	mare.
maison,	—	mageon.
maître,	—	mâte.
plaire,	—	plare.
taire (se),	—	tare (s').
traire,	—	trare.
vrai,	—	vra (¹).

Il y a quelques exceptions dans lesquelles le français a conservé l'*a*, comme dans :

dommage,	ramage,
fromage,	ration, etc.

et d'autres dans lesquelles le patois a conservé l'*ai*, comme dans :

clair,	laine,
counaitte (connaître),	plaine,
fainéant,	plaisanterie.

2° Les mots terminés en *é*, *er*, changent cette terminaison en *aïe* et au féminin *aÿe*, comme :

bonté, santé, etc.,	*qui font*	bontaïe, santaïe, etc.
acheter, compter, renverser,	—	achetaïe, comptaïe, renversaie.
abandonnée, livrée,	—	abandounnaÿe, livraÿe.

(¹) Le patois messin change l'*a* en *é* au commencement des mots :

adroit	—	édreux.
amoureux	—	émoureux.
avocat	—	évocat, etc.

Excepté les verbes et les autres mots qui se terminent :

1° En *cé* ou *cer, ssé* ou *sser*, comme :

	danser,	*qui fait*	dansi.
	dressé-er,	—	dressi.
	enfoncé-er,	—	afonci.
	pincé-er,	—	pinci.
	plissé-er,	—	plissi.
	renoncé-er,	—	renonci.
	rincé-er,	—	rinci.
Nota :	cassé-er,	*fait*	cassaïe.
	percé-er,	—	perçaïe.
	pressé-er,	—	pressaïe.
	ramassé-er.	—	ramassaïe.

2° En *ché* ou *cher, gé* ou *ger*, comme :

arraché-er,	*qui fait*	arrachi.
attaché-er,	—	attachi.
bêché-er,	—	bêchi.
couché-er,	—	couchi.
danger,	—	dangi.
dégagé-er,	—	dégagi.
fauché-er,	—	fauchi.
partagé-er,	—	partagi.
saccagé-er,	—	saccagi.

3° En *llé, ller*, et *ffé, ffer*, comme :

conseillé-ller,	*qui fait*	conseilli.
dépouillé-ller,	—	dépouilli.
réchauffé-ffer,	—	réchauffi.
surveillé-ller,	—	surveilli.

REMARQUE : Les participes passés de ces verbes qui se terminent en *i*, au lieu de se terminer en *aie*, reprennent la règle pour leurs participes passés féminins, qui se terminent en *aÿe*, par la raison que tous les féminins qui se terminent par deux *ée* prennent la terminaison *aÿe*, excepté *aidée* qui fait *adie*.

3° Les terminaisons en *eau* se changent ordinairement en *é*, comme :

chapeau,	*qui fait*	chapé.
couteau,	—	couté.
fourneau,	—	fourné.
manteau,	—	manté.
marteau,	—	marté.
monceau,	—	moncé.
nouveau,	—	nouvé.
peau,	—	pé.
plateau,	—	platé.
râteau,	—	raté.
tonneau,	—	touné.
troupeau,	—	troupé.
veau,	—	vé.

Excepté : *bureau, morceau, poteau, tableau, tréteau, trousseau, vaisseau,* etc. *Rideau* fait *ridiau*.

4° Les terminaisons en *eur* et en *eux*, changent ordinairement leurs terminaisons en *awe*, comme :

ailleurs,	*qui fait*	ailliawe.
acheteur,	—	achetawe.
chasseur,	—	chassawe.
curieux,	—	curiawe.
envieux,	—	enviawe.
glorieux,	—	gloriawe.
heureux,	—	hurawe.
honteux,	—	hontawe.
joyeux,	—	joyawe.
laboureur,	—	labourawe.

Excepté :

amateur,	débiteur,
arpenteur,	dégraisseur,
artilleur,	malheur,
auteur,	prédicateur,
bonheur,	professeur,
convoyeur,	rondeur,
créateur,	rousseur,
cultivateur,	serviteur,
danseur,	voyageur.

qui s'écrivent et se prononcent comme en français, sauf *bonheur*, qui fait *bouneur* ([1]).

5° L'*é*, formant la première syllabe d'un mot, est généralement supprimé ou changé en *a*, comme dans :

écaille,	*qui fait*	caille.
échardonner,	—	chardounaïe.
échine,	—	chine.
écorcher,	—	courchi,
effronté,	—	affrontaïe.
élever,	—	allevaïe.
étoupe,	—	toupe ([2]).

([1]) Le patois messin termine en *ous* les mots en *eur* et en *eux* :

Acheteur,	—	achetous.
heureux,	—	hurous.
laboureur,	—	labourous,

sauf aussi quelques exceptions, notamment celles que nous avons citées ci-dessus.

([2]) Le patois messin, au contraire, change fréquemment l'*a* en *é* :

Embarras,	—	embéré.
encouragé,	—	encorégé.
contrat,	—	contré, etc.

6° *Em* et *en*, au commencement des mots, deviennent souvent *a* :

empoigner,	—	apougui.
enfant,	—	afant.
enfermer,	—	affroumaïe.
ensemencer,	—	assemenci.

7° Les terminaisons en *elle* se changent en *alle;*
celles en *effe,* en *affe* ou en *appe* :

agrafe,	—	agrappe.
belle,	—	balle.
greffe,	—	graffe.
chapelle,	—	chapalle.
sauterelle,	—	sauteralle.
selle,	—	salle.
semelle,	—	semalle.
truelle,	—	trualle.

Excepté : *celle, pelle, demoiselle.*

8° L'*o,* dans le corps d'un mot, se change en *ou;*
ainsi :

abonnement,	*fait*	abounnement.
accord,	—	accourd.
bonheur,	—	bounheur.
bonne,	—	bounne.
bonnet,	—	bounnet.
charbonnier,	—	charbouni.
chardonneret,	—	chardouneré.
chose,	—	chouse.
comme,	—	coume.
comment,	—	coument.
commode,	—	coumoude.
connaître,	—	counaitte.
corde,	—	courde.
cordeau,	—	courde.

dommage,	*fait*	doumache.
estomac,	—	estoumac.
fort,	—	fourt.
fromage,	—	froumache.
froment,	—	froument.
gobelet,	—	goubelet.
gorge,	—	gourge.
impôt,	—	impoût.
enclos,	—	enclous.
forge,	—	fourge.
homme,	—	houme.
honneur,	—	houneur.
mode,	—	moude.
moment,	—	moument.
nommer,	—	noumaïe.
or,	—	our.
orge,	—	ourche.
porter,	—	pourtaïe.
promesse,	—	proumesse.
propos,	—	propous.
reposer,	—	repousaïe.
robe,	—	roube.
rose,	—	rouse.
soldat,	—	souldat.
somme,	—	soume.
tantôt,	—	tantoût, etc. (¹)

(¹) Le patois messin, au contraire, change l'*ou* en *o* :

autour,	—	autó.
couronne,	—	coronne.
cousin,	—	cosin.
décourageant,	—	décorageant.
souvent,	—	sovent.
troupeau,	—	tropé.

Aussi ce patois a-t-il beaucoup d'*o*; c'est pour cela qu'on appelle ceux qui le parlent les *qué que ço* (ou *quéxos*), à cause de la manière dont ils prononcent ces mots qui signifient : *qu'est-ce que c'est ?*

Excepté :

accoster.
bonjour.
congé.
honteux.
pomme, *qui fait* peumme.
pondre.
potager.
poteau.
radoter.
récolte.
sonner, *qui fait* sinnaïe.
talon, *qui fait* tolon.

9° Le *c*, l'*s* et le double *ss* se changent en *g* ou en *j* :

brosse,	*fait*	brouche.
buisson,	—	buchon.
braise,	—	braïche.
chemise,	—	cheminche.
garçon,	—	gachon.
moisson,	—	m'chon.
poursuivre,	—	pourchure.
prison,	—	prigeon.
rabaisser,	—	rabachi.
tison,	—	tugeon.
tisserand,	—	teucherand.
nous disons,	—	j'dijans.
vous lisez,	—	v'lijeux.
ils finissaient,	—	i finichint.

Excepté :

danser,	prisonnier,
fraise,	professeur,
framboise,	promesse,
glaçon,	puissance,
leçon,	redresser,
pousser,	ruisseau.

10° *Eu* et *ui* font *u*.

Exemples en *eu* :

feu,	*fait*	fu.
jeu,	—	ju.
jeûne (abstinence),	—	june.
meule,	—	mûle.
meunier,	—	muni.

Nota : On trouve encore dans de vieux auteurs : *juner, munier ;* la transformation ne s'est faite que plus tard.

Excepté :

jeune (en bas âge),	*qui fait*	jone.
neuf (chiffre),	—	neuf.
neuf (nouveau),	—	nieu.
neveu,	—	n'vawe.
peu,	—	wa.
peuple,	—	peupe.
peur,	—	pawe.
seulement,	—	solement.

Exemples en *ui* :

fruit,	*fait*	frut.
fuir,	—	fure.
buisson,	—	buchon.
construire,	—	construre.
cuir,	—	cûche.
cuire,	—	cûre.
cuisine,	—	cugine.
détruire,	—	détrure.
introduire,	—	introdure.
juin,	—	jun.
luire,	—	lure.
nuire,	—	nure.
nuit,	—	nut.
puits,	—	pûche.

reconduire,	*fait*	r'condure.
réduire,	—	rédure.
ruine,	—	rûne.
tuile,	—	tûle.

Excepté :

depuis,	*qui fait*	d'edpeu.
huile,	—	houle.
huis,	—	heuche.
huit,	—	huit.
pluie,	—	plouve.
puissance,	—	puissance.
réduit,	—	réduit,
ruisseau,	—	ruisseau (¹).

11° Quelquefois enfin, les mots ont changé de genre, comme :

bras,	exemple,
centime,	rhume,
chanvre,	saule,
cimetière,	trèfle.

(¹) Le patois messin, au lieu de supprimer l'*i*, comme nous le faisons dans la plupart des mots en *ai* et en *ui*, en fait un très-grand usage et en met souvent là où le français n'en a pas, ou le met avant la voyelle au lieu de le mettre après, ainsi :

pour aisé,	*il dit*	ajié.
déclarer,	—	déclairié.
enclore,	—	anclioure.
fleurir,	—	flioré.
pâle,	—	bliave.
place,	—	piésse.
plaider,	—	pliadié.
pleine,	—	pliéne.
plaire,	—	pliare.
pluie,	—	pliouve.
plumon,	—	plieumon.
semblable,	—	sembliabe.

qui sont masculins en français et féminins en
patois.

> agrafe,   horloge.
> dent,

qui sont féminins en français et masculins en
patois.

§ 4. ORTHOGRAPHE.

Sous le rapport de l'orthographe, la langue française a également éprouvé des transformations nombreuses, dont il est bien plus facile encore de suivre
la trace dans nos vieux écrivains que pour celles
dont nous venons de parler. Plus elle s'éloigne de
son origine, plus son orthographe, naturellement,
s'éloigne du latin.

Il nous suffira d'en citer quelques exemples :

1° Et d'abord cette règle, si singulière au premier abord, de l's finale, qui, dans la langue d'Oc
comme dans la langue d'Oïl, voulait une *s* à la fin
du substantif singulier, lorsqu'il était sujet de la
proposition, et n'en mettait pas au pluriel lorsque
le substantif était régime de la proposition ;

2° Devant l's finale du pluriel, les lettres *t* et *d*
disparaissaient, et l's elle-même, dans certains cas,
se remplaçait par *x*. Ainsi on écrivait :

> des enfans,   des serpens,
> des blés   ou bléz.

3° Le *j* ne s'employait pour ainsi dire pas ; l'*i*

prenait invariablement sa place à la tête des mots.
Dans le corps et à la fin des mots, au contraire, l'*i*
était remplacé par l'*y* :

iambon,   pourquoy,
i'entends,   roy,
ioyeux,   royne,
boyre,   vray.
boyte,

4° Le *v* était généralement remplacé par l'*u* :

liure,	*pour*	livre.
couuercle,	—	couvercle.
souuent,	—	souvent.
trouuer,	—	trouver.

5° On écrivait :

aultre,	*pour*	autre.
escripuant,	—	écrivant.
congnoistre,	—	connaître.
faict,	—	fait.
poinct,	—	point.
eschole,	—	école.
estai,	—	état.
estude,	—	étude.
mesme,	—	même.
nostre,	—	notre.
vostre,	—	votre.

La parenté de ces mots avec le latin se reconnaît bien plus facilement qu'avec l'orthographe actuelle.

6° On n'employait généralement pas d'accents ;
7° Enfin l'on écrivait :

François,	*au lieu de*	Français.
j'aimerois,	—	j'aimerais.
paroître,	—	paraître, etc.

Et ce fut une grande et laborieuse innovation que cette substitution de l'*ai* à l'*oi,* proposée pour la première fois en 1675, par Berain, avocat au Parlement de Rouen, et qui ne triompha que grâce au patronage et à l'autorité de Voltaire.

Toutes ces modifications s'expliquent dans une langue en voie de formation, comme le français, mais le patois qui se parle à peu près aujourd'hui comme nos pères le parlaient autrefois, ne devrait-il pas conserver son ancienne orthographe et rester étranger à tous les changements que la langue française a successivement introduits dans la sienne?

Nous ne l'avons pas pensé ; le patois a une orthographe si diverse et ses règles sont si incertaines, que nous n'hésitons pas un instant à habiller notre vieil idiôme à la dernière mode de l'orthographe moderne, et quant aux règles, nous allons tâcher d'en établir quelques-unes, au moins en ce qui concerne notre patois, et en suivant l'ordre de la grammaire française.

CHAPITRE Ier. — DU SUBSTANTIF.

Le substantif patois a son genre, comme le substantif français; il est masculin ou féminin, mais il n'a pas de nombre ou du moins, si le substantif prend la marque du pluriel, il ne la fait jamais sentir.

On dit:

des houmm' avares.
des femm' hounétes.

C'est peut-être pour cela que tous les enfants de village, quand ils apprennent à parler le français, mettent partout des *s* en liaison, comme s'il suffisait d'appliquer à tort et à travers cette propriété de la langue française pour parler français.

Remarquons qu'il y a certains mots que le français n'emploie qu'au pluriel, parce qu'ils indiquent des objets qui ont deux branches, comme :

les ciseaux,
les mouchettes,
les pincettes.

Le patois a moins de scrupule et ne se gêne pas pour dire :

l' cisiau,
la mouchette,
la pincette.

La formation du pluriel dans les substantifs se fait avec la plus grande simplicité, et sans aucune des nombreuses distinctions et exceptions qui se rencontrent sur ce sujet dans la grammaire française.

Ainsi le patois dit :

in ail,	—	des ails.
in bétail,	—	des bétails.
in œil,	—	des œils.
in chevau,	—	des chevaux, etc.

Ciel n'a pas de pluriel en patois.

CHAPITRE II. — DE L'ARTICLE.

Le, la, les, en patois comme en français, excepté pour l'article masculin *le*, qui subit toujours l'élision, et ne se prononce que *l'* devant les consonnes comme devant les voyelles, ou, s'il conserve l'*e*, c'est avec un accent.

Ainsi l'on dit :

l' chapé,	*pour*	le chapeau.
l' village,	—	le village.
lé repas,	—	le repas.

Jamais on ne prononce *le* ([1]).

Les articles composés *au, aux, du, des,* également comme en français, excepté *du*, qui fait *don*, et *au*, qui fait souvent *on* :

l' minche don couté,	—	le manche du couteau.
les abes don maïe,	—	les arbres du jardin.
ç'ateut on mois de Mai,	—	c'était au mois de Mai.

CHAPITRE III. — DE L'ADJECTIF.

L'adjectif s'accorde en genre et en nombre avec le substantif auquel il se rapporte, mais, pas plus que le substantif, il ne fait sonner son *s* au pluriel.

([1]) Certains patois ont l'impertinente façon de mettre l'article devant les noms propres de personnes comme devant les noms communs, et de dire : l'André, l'Willemin, etc. Il en est d'autres, et le nôtre est de ce nombre, qui ne se permettent pas cette grossièreté.

Le féminin se forme de différentes manières, à peu près comme pour le français. Si l'adjectif masculin se termine par un *e* muet, il ne change pas de terminaison au féminin.

Exemples :

aimabe,	—	aimabe.
habile,	—	habile.
hounéte,	—	hounéte.
riche,	—	riche.

Excepté toutefois :

1° Les adjectifs en *awe*, qui font leurs féminins en *awse*, comme :

curiawe,	—	curiawse.
enviawe,	—	enviawse.
hurawe,	—	hurawse.

Excepté :

meillawe, *qui fait également* meillawe, au féminin.

2° Et les adjectifs terminés en *aïe*, qui, provenant des adjectifs terminés en *é*, en français, font *aÿe* au féminin, comme :

in champ labouraïe,	—	éne tére labouraÿe.
in praïe arrousaïe,	—	éne chambre arrousaÿe.
in abe plantaïe,	—	éne fleur plantaÿe.

C'est ce qui fait, comme nous l'avons dit, que ces deux terminaisons se répètent si souvent dans le patois de Fillières et des environs, et lui donnent un certain accent dont les enfants ont du mal de se corriger lorsqu'ils apprennent le français.

Si l'adjectif masculin n'est pas terminé par un
e muet, il en prend un au féminin :

grand,	—	grande.
chaud,	—	chaude.
freud,	—	freude.
prudent,	—	prudente.

Sauf les exceptions indiquées pour le français,
comme *blanc* qui fait *blanche*, *bé* (beau) qui fait
balle, etc.; excepté aussi les adjectifs terminés en
in, qui ont leurs féminins en *inche*, comme *admin*
qui fait *adminche* (*admis*, *admise*). Mais *fin*, *malin*,
mâtin, suivent la règle, et font : *fine*, *maline*, *mâ-
tine*.

Le pluriel des adjectifs se forme en patois avec la
même simplicité que celle des substantifs.

On dit : *brutals, originals,* etc., au pluriel comme
au singulier ; cependant on dit : *un bois communal,
des bois communaux*, etc.

CHAPITRE IV. — DU PRONOM.

1° Pronoms personnels :

Singulier.	1re personne :	je, me, moi,	—	j', m' ou mé, mi.
	2e —	tu, te, toi,	—	t', t ou té, ti.
	3e —	il, elle, lui,	—	i, el', lu.
Pluriel.	1re personne :	nous,	—	nous, n' et jé ou j'.
	2e —	vous,	—	vous, v'.
	3e —	ils, elles, eux,	—	is, elles ou él — zawe.

2° Pronoms démonstratifs ;

	Masculin.			Féminin.	
ce,	—	cé,	celle,	—	la çawe,
celui,	—	l'çawe,	celle-ci,	—	c'telle-ci,
celui-ci,	—	c'tici,	celle-là,	—	c'telle-là.
celui-là,	—	c'tila.			

(*Singulier.*)

	Masculin.			Féminin.	
ceux,	—	les çawes,	celles,	—	les çawes,
ceux-ci,	—	çawes-ci,	celles-ci,	—	c'telles-ci,
ceux-là,	—	çawes-là.	celles-là,	—	c'telles-là.

(*Pluriel.*)

Remarquons l'analogie qui existe entre les pronoms patois *c'tici, c'tilà,* et ceux du vieux français : *cettuy-cy, cettuy-là.*

3° Pronoms possessifs :

Masculin.		Féminin.		Masculin.		Féminin.
Mon,	—	ma,	—	m'n,	—	ma.
Ton,	—	ta,	—	t'n,	—	ta.
Son,	—	sa,	—	s'n,	—	sa.
Notre,	—	notre,	—	note,	—	note.
Votre,	—	votre,	—	vote,	—	vote.
Leur,	—	leur,	—	lou,	—	lou.

(*Singulier.*)

Des deux genres.		Des deux genres.
Mes,	—	mes.
Tes,	—	tes.
Ses,	—	ses.
Nos,	—	noûs.
Vos,	—	voûs.
Leurs,	—	loûs.

(*Pluriel.*)

Le mien,	la mienne,	—	les miens,	les miennes.
Le tien,	la tienne,	—	les tiens,	les tiennes.
Le sien,	la sienne,	—	les siens,	les siennes.
Le nôtre,	la nôtre,	—		les nôtres.
Le vôtre,	la vôtre,	—		les vôtres.
Le leur,	la leur,	—		les leurs.

Comme en français, excepté :

1° L'article *le* qui se prononce *lé* ;

2° *Nôtre, vôtre,* qui se prononcent *note, vote* ;

3° Et *le leur, la leur, les leurs,* qui se transforment en *l'zawe, la zawe, les zawes.*

CHAPITRE V. — DU VERBE.

Le verbe patois se distingue du verbe français :

1° Sous le rapport de la personne :

a) Dans la conjugaison française, on emploie la seconde personne du pluriel pour la seconde personne du singulier, quand on veut témoigner de la déférence, du respect à qui l'on parle. Je *vous* prie... Je *vous* remercie... etc. (¹).

Le patois fait de même, mais le patois de Fillières exprime une nuance de plus.

Dans la familiarité, ou de supérieur à inférieur,

(¹) Le latin ne connaît pas cette manière de parler, aussi lorsque les écrivains romains la rencontrèrent dans les Gaules, où on l'employait en parlant aux fonctionnaires de l'empire et aux dignitaires de l'Église, ils eurent quelque peine à comprendre cette formule, nouvelle pour eux, et ils la mêlèrent bizarrement avec le tutoiement romain : « Si j'ai tardé à t'écrire, écrit Sidoine à Faustus, évêque de Riez, c'est que j'admire en vous ce style brillant..., etc. ».

il tutoie et dit, par exemple : *Veux-t' chantaïe ?*
Veux-tu chanter ?

Dans les rapports d'égalité ou d'indifférence :
Vleux-ve chantaïe ?

Et dans les rapports de respect ou d'affection :
Vlaïe-ve chantaïe ?

Je ne sais si cette richesse de langage se rencontre
dans beaucoup d'autres patois, mais on ne peut s'empêcher de regretter vivement que le français ne l'ait
pas connue ou n'ait pas cru devoir se l'approprier.
Il y a là une nuance de tendresse, d'affection, de
douceur pour laquelle le français n'a aucune expression distincte. Il a bien la troisième personne
pour exprimer le respect : « Madame veut-elle me
permettre ?... etc. », mais la question de sentiment
est généralement étrangère à cette formule, et il
n'en a aucune autre pour la rendre. On dit à sa
femme aussi bien qu'à son voisin : Où allez-vous ?
Comment vous portez-vous ? tandis que notre patois a, pour ces deux situations si différentes, deux
nuances aussi distinctes que celles que l'on met entre
vous et *tu*.

Comme dans le français le *tu* exprime la supériorité ou la familiarité, et le *vous*, avec la terminaison *aie*, le respect et l'affection ; seulement l'affection l'emploie toujours et l'indifférence jamais.
Aussi est-ce la seule qui soit en usage entre amis et
au sein des familles.

b) La première personne du pluriel *nous* se

remplace par la première personne du singulier *ié* ou *j'*.

> j' marchans, *pour* nous marchons,
> j' révenins, — nous revenions.

c) Dans les verbes pronominaux, ces deux pronoms se trouvent réunis à la première personne du pluriel, et aux autres personnes se trouvent les pronoms qui s'y rapportent avec leurs élisions.

jé m' moque,	—	jé m' doute,
té t' moques,	—	té t' doutes,
vé v' moqueus,	—	vé v' douteus,
vé v' moquaies,	—	vé v' doutaies,
i *ou* elle s' moque,	—	i *ou* elle s' doute,
jé n' moquans,	—	jé n' doutans,
vé v' moqueus,	—	vé v' douteus,
i *ou* elles s' moquant.	—	i *ou* elles s' doutant.

2° Sous le rapport des temps :

Les différents temps des verbes ayant pour but d'exprimer des circonstances de temps qui se rencontrent également pour tous les hommes, quel que soit le langage dont ils se servent pour les traduire, ces différents temps devraient exister dans les verbes patois comme dans les verbes français. Cependant le patois n'a pas de passé défini : *Je chantai, tu chantas*; de prétérit antérieur : *J'eus chanté*; d'imparfait du subjonctif : *Que je chantasse*; ni de plus-que-parfait du subjonctif : *Que j'eusse chanté*.

3° Sous le rapport de l'auxiliaire être, qui ne s'emploie presque pas comme tel, ainsi que nous l'avons dit (¹). Dans les verbes pronominaux eux-mêmes, on n'emploie que l'auxiliaire *avoir*, et il semble aussi logique, du reste, de dire : *J'n'avans disputaïes*, que de dire : Nous nous sommes disputés.

4° Enfin, de même que pour les substantifs et les adjectifs, nous avons trouvé beaucoup moins d'exceptions, de distinctions, que pour le français, de même nous constaterons bien moins de verbes irréguliers en patois qu'en français, et cela se conçoit puisque ces différentes exceptions et irrégularités sont autant de modifications successives introduites avec le temps dans la langue française, et auxquelles le patois est resté étranger.

Ainsi le français dit au futur du verbe *voir* : *Je verrai*, tandis que le patois dit : *J'voira*.

5° Tous les verbes, aux deux futurs et aux deux conditionnels, prennent un *r* à la dernière syllabe, aux trois personnes du singulier et du pluriel.

Il y a quatre conjugaisons en patois comme en français, qui se distinguent également par leurs infinitifs :

(¹) Il s'emploie seulement dans les verbes passifs, et encore pourrait-on le considérer, dans ce cas, comme un verbe suivi d'un adjectif plutôt que comme auxiliaire :

        i sont enchantaïes,   —   ils sont enchantés.

et dans certains verbes neutres, ou impersonnels, ou employés comme tels :

        Elle est temaïe en faiblesse,
        L'est arrivaïe qué..,.

La première a l'infinitif en *aïe*, venant de l'infinitif en *er* :

labourer,	—	labouraïe.
jouer,	—	jouaïe.

La seconde a l'infinitif en *i*, venant des verbes français en *ir*, et des infinitifs terminés en *cer* ou *sser*, *cher* ou *ger*, *ller* ou *ffer*, comme nous l'avons indiqué :

finir,	—	fini.
corriger,	—	corrigi, etc.

Venir et tous ses composés font *venin* à l'infinitif et se conjugent comme les verbes de la seconde conjugaison ; *Dormir* fait *doure*.

La troisième, en *eur*, provenant des infinitifs en *oir* :

recevoir,	—	receur.

Avoir fait *aveur*, *awoir*, *awerre*, suivant les dialectes (¹).

La quatrième en *re*, et plus fréquemment en *e*, venant des infinitifs en *re* :

lire,	—	lire.
rendre,	—	rende.
apprendre,	—	appanre.
pendre,	—	pende.

(¹) On trouve quelquefois ces infinitifs avec un *e* final, mais il nous semble qu'en raison de leur étymologie, il est préférable de ne pas leur en donner.

CHAPITRE VI. — DES CONJUGAISONS.

1° L'AUXILIAIRE **AWOIR** (AVOIR).

INDICATIF

Présent.

Sing. j'a
    t'ais
    v'aveus
    v'avaïe
    l' *ou* elle aît

Plur. j'avans
    v'aveus
    l' *ou* elles avant *et* ont

Imparfait.

Sing. j'aveus
    t'aveus
    v'avins
    l' *ou* elle aveut (1)

Plur. j'avins
    v'avins
    l' *ou* elles avint

Passé défini (manque).

Passé indéfini.

Sing. j'a
    t'ais
    v'aveus
    v'avaïe
    l' *ou* elle ait

Plur. j'avans
    v'aveus
    l' *ou* elles avant
            } avu

Passé antérieur (manque).

Plus-que-parfait.

Sing. j'aveus
    t'aveus
    v'avins
    l' *ou* elle aveut
            } avu

Plur. j'avins
    v'avins
    l' *ou* elles avint

Futur.

Sing. j'ara
    t'arais
    v'areus
    v'araïe
    l' *ou* elle arait

Plur. j'arans
    v'areus
    l' *ou* elles arant

Futur antérieur.

Sing. j'ara
    t'arais
    v'areus
    v'araïe
    l' *ou* elle arait
            } avu

Plur. j'arans
    v'areus
    l' *ou* elles arant

CONDITIONNEL

Présent.

Sing. j'areus
    t'areus
    v'arins
    l' *ou* elle arint

Plur. j'arins
    v'arins
    l' *ou* elles arint

Passé.

Sing. j'areus
    t'areus
    v'arins
    l' *ou* elle areut
            } avu

Plur. j'arins
    v'arins
    l' *ou* elles arint

IMPÉRATIF.

Sing. aïe, aïeus, aiaïe.
    ayans

Plur. ayeus.

(1) Quand le verbe *avoir* est précédé à la troisième personne de y 'ou de *y en*, comme dans ces phrases : *Il y avait une fois, il y en a beaucoup*, etc., le pronom *il* disparaît et se remplace ainsi qu'il suit :

    n'y aveut ène foé
    n'y a n'ait tout plé, etc., ou n'y en ait tout plé.

SUBJONCTIF

Présent.

Sing.   qu' j'aveus *ou* avë
     qu' t aveus *ou* avës
     qu' v'avins
     qu'l' *ou* qu'elle aveut

Plur.   qu' j'avins
     qu' v'avins
     qu'l' *ou* qu'elles avint.

Imparfait (manque).

Passé.

Sing.   qu' j'aveus
     qu' t'aveus
     qu' v'avins
     qu'l' *ou* qu'elle aveut } avu

Plur.   qu' j'avins
     qu' v'avins
     qu'l' *ou* qu'elles avint

Plus-que-parfait (manque).

INFINITIF

Présent.

avoir *ou* awoir

Passé.

avoir avu

PARTICIPE

Présent.

ayant, avant

Passé.

aayant vu, *ou* avant avu.

2° L'AUXILIAIRE ÉTE (ÊTRE).

INDICATIF

Présent.

Sing.   j'sus
     t'es
     v'ateus
     v'ataïe
     l' *ou* elle est

Plur.   j'sons
     v'ateus
     is *ou* elles sont

Imparfait.

Sing.   j'ateus
     t'ateus
     v'atins
     l' *ou* elle ateut

Plur.   j'atins
     v'atins
     l' *ou* elles atint

Passé défini (manque).

Passé indéfini.

Sing.   j'a
     t'ais
     v'aveus
     v'avaïe
     l' *ou* elle aveut } atu

Plur.   j'avans
     v'aveus
     l' *ou* elles avant

Passé antérieur (manque).

Plus-que-parfait.

Sing.   j'aveus
     t'aveus
     v'avins
     l' *ou* elle aveut } atu

Plur.   j'avins
     v'avins
     l' *ou* elles avint

Futur.

Sing.   j'sera (on prononce *s'ra*,
     t'serais   [*s'rais*, etc.)
     v'sereus
     v'seraïe
     i *ou* elle serait

Plur.   j'serans
     v'sereus
     is *ou* elles serant

Futur antérieur.

Sing.   j'ara
     t'arais
     v'areus
     v'araïe
     l' *ou* elle arait } atu

Plur.   j'arans
     v'areus
     l' *ou* elles arant

CONDITIONNEL

Présent.

Sing. j' *ou* jĕ sereus (s'reus, etc.)
{ t'sereus
{ v'serins
i *ou* elle sereut

Plur. j'serins
v'serins
is *ou* elles serint

Passé.

Sing. j'areus
{ t'areus
{ v'arins
l' *ou* elle areut } atu

Plur. j'arins
v'arins
l' *ou* elles arint

IMPÉRATIF

Sing. sois, soyeux, soyaïe
Plur. sayans
sayeux

SUBJONCTIF

Présent ou *Imparfait.*

Sing. qué j'feus
{ qué t'feus
{ qu' v'atins
qu'i *ou* elle feut

SUBJONCTIF

Présent ou *Imparfait* (suite).

Plur. qu' j'atins
qu' v'atins
qu'is *ou* elles fint

Passé et *Plus-que-parfait.*

Sing. qu' j'aveus
{ qu' t'aveus
{ qu' v'avins
qu'l' *ou* elle aveut } atu

Plur. qu' j'avins
qu' v'avins
qu'l' *ou* elles avint

INFINITIF

Présent.

éle.

Passé.

avoir *ou* awoir atu.

PARTICIPE

Présent.

alant

Passé.

atu (1), ayant *ou* avant atu

---

(1) L'infinitif *estre* (de l'ancien français) vient de la forme *essere* (pour *esse*), dont on trouve des exemples dans la basse latinité, et non de *stare* qui, ayant l'accent tonique sur la syllabe *sta,* n'a pu donner *estre* mais a produit régulièrement le verbe *ester.* Cependant il y a un temps du verbe *estre,* le participe passé *esteit, estet, esté,* qui est dérivé du verbe *stare,* ce qui est assez étrange. A la vérité, ce participe ne pouvait être tiré de *essere, esse,* qui manque lui-même de participe, mais il pouvait être formé directement du radical *est* avec adjonction de la terminaison *ut. u,* qui est la finale des participes passés des verbes en *re,* ce qui eût donné *estut, estu.* Or, ce participe *estu,* que nous venons de former théoriquement et d'après l'analogie, existe effectivement dans le patois lorrain sous la forme *étu.*- On ne peut supposer que le patois lorrain ait corrompu *esté (été)* en *estu (étu),* il n'y a pas d'équivalent entre les finales *é* et *u,* et du reste, en fait, aucun participe français terminé en *é* ne se termine en *u* dans le patois lorrain. On peut donc en conclure, au moins avec beaucoup de vraisemblance, que la forme *estu (estut. estu),* régulièrement formée du radical *est,* et de la finale *u* des participes passés en *re,* est, dans la langue d'oïl, la forme primitive du participe passé de *estre.* (BOURGUIGNON, *Grammaire de la langue d'oïl.*) Cette observation s'applique également à notre passé *atu.*

PREMIÈRE CONJUGAISON EN ER.

Infinitif en aïe, chantaïe (chanter).

INDICATIF

Présent.

Sing. j' ou jé chante
{ té chantes
{ v' chanteus
{ v' chantaïe
i ou elle chante

Plur. j' ou jé chantans
v' chanteus
is ou elles chantant

Imparfait.

Sing. j' chanteus
{ t' chanteus
{ v' chantins
i ou elle chanteut

Plur. j' chantins
v' chantins
is ou elles chantint.

Passé défini et indéfini.

Sing. j'a
{ t'ais
{ v'aveus
{ v'avaïe
{ l' ou elle ait } chantaïe

Plur. j'avans
v'aveus
l' ou elles avant

Plus-que-parfait et Passé antérieur.

Sing. j'aveus
{ t'aveus
{ v'avins
{ l' ou elle aveut } chantaïe

Plur. j'avins
v'avins
l' ou elles avint

Futur.

Sing. j' ou jé chantera
{ t' chanterais
{ v' chantereus
{ v' chanteraïe
i ou elle chanterait

Plur. j' chanterans
v' chantereus
is ou elles chanterant

Futur antérieur.

Sing. j'ara
{ t'arais
{ v'areus
{ v'aruïe
{ l' ou elle araït } chantaïe

Plur. j'arans
v'areus
l' ou elles arant

CONDITIONNEL

Présent.

Sing. j' chantereus
{ t' chantereus
{ v' chanterins
i ou elle chantereut

Plur. j' chanterins
v' chanterins
is ou elles chanterint

Passé.

Sing. j'areus
{ t'areus
{ v'arins
{ l' ou elle areut } chantaïe

Plur. j'arins
v'arins
l' ou elles arint

IMPÉRATIF

Sing. chante, chanteus, chantaïe
chantans
Plur. chanteus

SUBJONCTIF

Présent et Imparfait.

Sing. qué j' chantë
{ qu' t' chantës
{ qu' v' chantins
qu'i ou elle chantë

Plur. qué j' chantins
{ qué v' chantins
qu'is ou elles chantint

Passé et Plus-que-parfait.

Sing. qu' j'aveus
   qu' t'aveus
   qu' v'avins
   qu'l' *ou* elle aveut
Plur. qu' j'avins
   qu' v'avins
   qu'l' *ou* elles avint

} chantaïe

INFINITIF
Présent.

chantaïe

Passé.

avoir chantaïe

PARTICIPE
Présent.

chantant

Passé.

chantaïe, chantäye
ayant chantaïe

DEUXIÈME CONJUGAISON EN **IR**.
Infinitif en i, **fini** (*finir*).

INDICATIF
Présent.

Sing. j' finis
   t' finis
   v' *ou* vé finicheus, *ou* fi-
     nisseus
   v' *ou* vé finichaïe, *ou* fi-
     nissaïe
   i *ou* elle finit
Plur. j' finichans
   v' finicheus
   is *ou* elles finichant, *ou*
     finissant

Imparfait.

Sing. j' finicheus, *ou* finisseus
   t' finicheus, *ou* finisseus
   v' finichins, *ou* finissins
   i *ou* elle finicheut, *ou* fi-
     nisseut
Plur. j' finichins, *ou* finissins
   v' finichins, *ou* finissins
   is *ou* elles finichint, *ou*
     finissint

Passé défini et indéfini.

Sing. j'a
   t'ais
   v'aveus
   v'avaïe
   l' *ou* elle ait
Plur. j'avans
   v'aveus
   l' *ou* elles avant

} fini

Plus-que-parfait et Passé antérieur.

Sing. j'aveus
   t'aveus
   v'avins
   l' *ou* elle aveut
Plur. j'avins
   v'avins
   l' *ou* elles avint

} fini

Futur.

Sing. j' finira
   t' finirais
   v' finireus
   v' finiraie
   i *ou* elle finirait
Plur. j' finirans
   v' finireus
   is *ou* elles finirant

Futur antérieur.

Sing. j'ara
   t'arais
   v'areus
   v'araïe
   l' *ou* elle arait
Plur. j'arans
   v'areus
   l' *ou* elles arant

} fini

CONDITIONNEL
Présent.

Sing. j' finireus
   t' finireus
   vé finirins
   i *ou* elle finireut
Plur. j' finirins
   v' *ou* vé finirins
   is *ou* elles finirint.

Passé.

Sing.   j'areus }
{ t'areus
{ v'arins
   l' *ou* elle areut } fini
Plur.   j'arins
   v'arius
   l' *ou* elles arint }

IMPÉRATIF.

Sing.   fiuis, finicheus, finichaïe,
     ou finisseus, finissaïe

Plur.   finichans *ou* finissans
     finicheus *ou* finisseus

SUBJONCTIF

Présent et Imparfait.

Sing.   qué j' finichë *ou* finissë
{ qué t' finichës *ou* finissës
{ qué v' finichins *ou* finissins
   qu'i *ou* elle finichë *ou* finissë

Plur.   qué j' finichins *ou* finissins
   qué v' finichins *ou* finissins
   qu'is *ou* elles finichint *ou*
     finissint

Passé et Plus-que parfait.

Sing.   qu' j'aveus }
{ qu' t'aveus
{ qu' v'avins
   qu'l' *ou* elle aveut } fini
Plur.   qu' j'avins
   qu' v'avins
   qu'l' *ou* elles avint }

INFINITIF

Présent.

fini

Passé.

avoir fini

PARTICIPE

Présent.

finichant *ou* finissant

Passé.

fini, finie
ayant fini

TROISIÈME CONJUGAISON EN OIR.

Infinitif en **eure, receure** *(recevoir).*

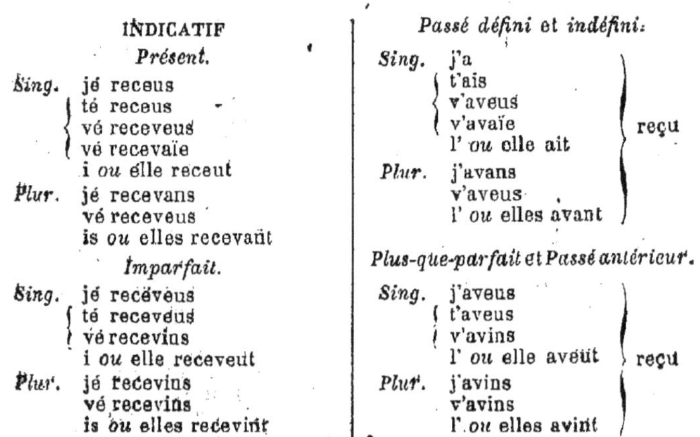

INDICATIF

Présent.

Sing.   jé receus
{ té receus
{ vé receveus
{ vé recevaïe
   i *ou* élle receut
Plur.   jé recevans
   vé receveus
   is *ou* elles recevaüt

Imparfait.

Sing.   jé recéveus
{ té receveus
{ vé recevins
   i *ou* elle receveut
Plur.   jé recevins
   vé recevins
   is *ou* elles recevirit

Passé défini et indéfini.

Sing.   j'a }
{ t'ais
{ v'aveus
{ v'avaïe
   l' *ou* elle ait } reçu
Plur.   j'avans
   v'aveus
   l' *ou* elles avant }

Plus-que-parfait et Passé antérieur.

Sing.   j'aveus }
{ t'aveus
{ v'avins
   l' *ou* elle aveüt } reçu
Plur.   j'avins
   v'avins
   l' *ou* elles avint }

Futur.

Sing. j' *ou* jé recevra
{ t' *ou* té recevrais
{ v' *ou* vé recevreus
{ v' *ou* vé recevraïe
i *ou* elle recovrait

Plur. j' *ou* jé recevrans
v' *ou* vé recevreus
is *ou* elles recevrant

Futur antérieur.

Sing. j'ara
{ t'arais
{ v'areus
{ v'araïe
l' *ou* elle arait

Plur. j'arans
v'areus
l' *ou* elles arant

} reçu (r'çu)

CONDITIONNEL

Présent.

Sing. jé recevreus
{ té recevreus
{ vé recevrins
i *ou* elle recevreut

Plur. j' *ou* jé recevrins
v' *ou* vé recevrins
is *ou* elles recevrint

Passé.

Sing. j'areus
{ t'areus
{ v'arins
l' *ou* elle areut

Plur. j'arins
v'arins
l' *ou* elles arint

} reçu (r'çu)

IMPÉRATIF.

Sing. receu, receveus, recevaïe
recevans
Plur. receveus

SUBJONCTIF

Présent et Imparfait.

Sing.{ qué j' *ou* jé recevü
{ qué t'*ou* té recevës
{ qué v' recevins
qu'i *ou* elle recevë

Plur. qué j' *ou* jé recevins
qué v' *ou* vé recevins
qu'is *ou* elles recevint

Passé et Plus-que-parfait.

Sing. qué j'aveus
{ qué t'aveus
{ qué v'avins
qu'l' *ou* elle aveut

Plur. qué j'avins
qué v'avins
qu'l' *ou* elles avint

} reçu

INFINITIF

Présent.

receure

Passé.

avoir reçu

PARTICIPE

Présent.

recevant

Passé.

reçu, reçue
ayant reçu

QUATRIÈME CONJUGAISON EN RE.

Infinitif en **e** *ou en* **re, rende** (*rendre*).

INDICATIF

Présent.

Sing.   j' rends
    t' rends
    v' reudeus
    v' rendaïe
    i *ou* elle rend

Plur.   j' rendans
    v' rendeus
    is *ou* elles rendant

Imparfait.

Sing.   j' rendeus
    t' rendeus
    v' rendins
    i *ou* elle rendeut

Plur.   j' rendins
    v' rendins
    is *ou* elles rendint

Passé défini et indéfini.

Sing.   j'a
    t'ais
    v'aveus
    v'avaïe
    l' *ou* elle ait   } rendu

Plur.   j'avans
    v'aveus
    l' *ou* elles avant

Plus-que-parfait et Passé antérieur

Sing.   j'aveus
    t'aveus
    v'avins
    l' *ou* elle aveut   } rendu

Plur.   j'avins
    v'avins
    l' *ou* elles avint

Futur.

Sing.   j' rendra
    t' rendrais
    v' rendreus
    v' rendraïe
    i *ou* elle rendrait

Plur.   j' rendrans
    v' rendreus
    is *ou* elles rendrant

Futur antérieur.

Sing.   j'ara
    t'arais
    v'areus
    v'araïe
    l' *ou* arait   } rendu

Plur.   j'arais
    v'areus
    l' *ou* elles arant

CONDITIONNEL

Présent.

Sing.   j' rendreus
    t' rendreus
    v' rendrins
    i *ou* elle rendreut

Plur.   j' rendrins
    v' rendrins
    is *ou* elles rendrint

Passé.

Sing.   j'areus
    t'areus
    v'arins
    l' *ou* elle areut   } rendu

Plur.   j'arins
    v'arins
    l' *ou* elles arint

IMPÉRATIF.

Sing.   rends, rendeus, rendaïe
Plur.   rendans
    rendeus

SUBJONCTIF

Présent et Imparfait.

Sing.   qué j' rendë
    qué t' rendës
    qué v' rendins
    qu'i *ou* elle rendë

Plur.   qué j' rendins
    qué v' rendins
    qu'is *ou* elles rendint

Passé et Plus-que-parfait.	*Passé.*
Sing. qu' j'aveus	avoir rendu
qu' t'aveus	
qu' v'avins	
qu'l' *ou* elle aveut) rendu	**PARTICIPE**
Plur. qu' j'avins	*Présent.*
qu' v'avins	
qu'l' *ou* elles avint)	rendant
INFINITIF	*Passé.*
Présent.	rendu, rendue
rende	ayant rendu

REMARQUES : 1° Les pronoms *je, te, vous,* ne se prononcent pas indistinctement : *j'* ou *jé, t'* ou *té, v'* ou *vé,* cela dépend de la syllabe sur laquelle on met l'accent dans le verbe ; ainsi on dit :

  j' reçois *et* jé r'çois
  t' recevrais *et* té r'cevrais
  v' recevraïe *et* vé r'cevraïe, etc.

2° Le pronom de la troisième personne plurielle se prononce *i* au masculin (pour ils), et au féminin *elles,* mais l's ne se fait jamais sentir.

3° Le participe passé de la première conjugaison se termine en *aïe,* et celui de la deuxième en *i.* Cependant il est quelques verbes de cette conjugaison qui prennent l'*u,* comme *senti* (*sentir*) *sentu.* C'est une particularité assez rare et qui ne se rencontre que dans le patois lorrain et un petit nombre d'autres. Les deux autres conjugaisons ont leurs participes passés en *u,* sauf quelques exceptions, comme :

  fare (faire) — fa | rire   — ri.
  lire   — li | brare (pleurer) — bra, etc.

4° A l'imparfait de l'indicatif, la terminaison de la première et de la deuxième personne est longue :

   j' chanteus — jé r'ceveus

5° Au futur, la deuxième et la troisième personne du singulier :

   t' chanterais — t' finirais
   i chanterait — elle finirait, etc.

se prononcent comme si le verbe se terminait par un *é*, avec un accent aigu, ou par *et :*

> t' chanteré — t'finiré *ou* finiret
> i chanteré — elle finiré *ou* finiret

6° Au subjonctif présent, tous les verbes français se terminent, pour la première, la deuxième et la troisième personne du singulier, en *e, es, e.* Il en est de même en patois ; seulement, en français, ces terminaisons sont muettes, tandis qu'en patois elles se font sentir. Elles se prononcent comme s'il y avait *eu* bref. Nous avons conservé cette terminaison en *eu* pour les auxiliaires *avoir* et *être*, parce que, par une exception qui leur est propre, ce sont les deux seuls verbes français dont la troisième personne singulière du subjonctif ait un *t*.

Ainsi on dit en français :

> que je chante   *en patois*   qué j'chantë
> que tu reçoives   —   qué t'recevës
> qu'elle rende   —   qu'elle rendë

VERBES PRONOMINAUX.

INDICATIF

Présent.

Sing.   jé m' flatte
    té t' flattes
    vé v' flatteus
    vé v' flattaïe
    i *ou* elle sé flatte

Plur.   jé n' flattans
    vé v' flatteus
    is *ou* elles sé flattant

Imparfait.

Sing.   jé m' flatteus
    té t' flatteus
    vé v' flattins
    i *ou* elle sé flatteut

Plur.   jé n' flattins
    vé v' flattins
    is *ou* elles se flattint

Passé défini et indéfini.

Sing.   j' m'a
    t' t'ais
    v' v'aveus   } flattaïe
    v' v'avaie
    i *ou* elle s'ait

Plur.   j' n'avans
    v' v'aveus   } flattaïes
    is *ou* elles s'avant

Plus-que-parfait et Passé antérieur.

Sing.   j' m'aveus
    t' t'aveus
    v' v'avins   } flattaïe
    i *ou* elle s'aveut

Plur.   j' n'avins
    v' v'avins   } flattaïes
    is *ou* elles s'avint

Futur.

Sing. jé m' flattera
    té t' flatterais
    vé v' flattereus
    vé v' flatteraïe
    i *ou* elle sé flatterait

Plur. jé n' flatterans
    vé v' flattereus
    is *ou* elles sé flatterant

Passé.

Sing. j' m'ara
    té t'arais
    vé v'areus   } flattaïe
    vé v'araïe
    i *ou* elle s'arait

Plur. j' n'arans
    v' v'areus   } flattaïes
    is *ou* elles s'arant

CONDITIONNEL

Présent.

Sing. jó m' flattereus
    té t' flattereus
    vé v'flatterins
    i ou elle se flattereut

Plur. jé n' flatterins
    vé v' flatterins
    is *ou* elles sé flatterint

Passé.

Sing. j' m'areus
    t' t'areus
    v' v'arins   } flattaïe
    i *ou* elle s'areut

Plur. j' n'arins
    v' v'arins } flattaïes
    is *ou* elles s'arint

IMPÉRATIF.

Sing. flatte-të
    flatteus-v'
    flattaïe-v'

Plur. flattans-n'
    flatteus-v'

SUBJONCTIF

Présent et *Imparfait.*

Sing. qué jé m' flattë
    qué té t' flattës
    qué vé v 'flattins
    qu'i *ou* elle sé flattë

Plur. qué jé n' flattins
    qué vé v' flattins
    qu'is *ou* elles sé flattint

Passé et *Plus-que-parfait.*

Sing. qué j' m'aveus
    qué t' t'aveus
    qué v' v'avins } flattaïe
    qu'i *ou* elle s'aveut

Plur. qué j' n'avins
    qué v' v'avins } flattaïes
    qu'is *ou* elles s'avint

INFINITIF

Présent.

se flattaïe

Passé.

s'avoir flattaïe

PARTICIPE

Présent.

s'flattant

Passé.

s'avant flattaïe

Remarque : Le pronom *sé* de la troisième personne du singulier et du pluriel, s'écrit sans accent au masculin : *i s' flatte, i s' flattint*, et avec un accent au féminin : *elle sé flatte, elles sé flattint.*

VERBES IMPERSONNELS.

(Pleure, pleuvoir.)

INDICATIF

Présent.

i pleut

Imparfait.

i pleuveut

Passé défini et indéfini.

l'ait plu

Plus-que-parfait.

l'aveut plu

Futur.

i pleuverait

Passé.

l'arait plu

CONDITIONNEL

Présent.

i pleuvereut

Passé.

l'areut plu

SUBJONCTIF

Présent.

qu'i pleuve

Passé.

qu'l'aveut plu

INFINITIF

Présent.

pleure

PARTICIPE

Passé.

ayant plu

VERBES CONJUGUÉS INTERROGATIVEMENT.

INDICATIF

Présent.

Sing. est-ce qué j' chante?
est-ce qué t' chantes, *ou* chantes-te?
est-ce qué v' chanteus, *ou* chanteus-v'?
est-ce qué v' chantaïe, *ou* chantaïe-v'?
est-ce qu'i *ou* elle chante, *ou* chante-t-i *ou* elle?

Plur. chantans-je?
chanteus-v'?
chantant-is *ou* elles?

Imparfait.

Sing. chanteus-je?
chanteus-t'?
chantins-v'?
chanteut-i *ou* elle?

Plur. chäntins-je?
chantins-v'?
chantint-is *ou* elles?

Passé défini et indéfini.

Sing. a-je
ais-t'
aveus-v'
avaie-v'
ait-i *ou* elle

Plur. avans-je
aveus-v'
ont-is *ou* elles

} chantaïe?

Plus-que-parfait.

Sing. aveùs-je
 aveùs-t'
 aveùs-v'
 avaïe-v'
 aveùt-i *ou* elle
Plur. avins-je
 avins-v'
 avint-is *ou* elles   } chantaïe?

Futur.

Sing. chantera-je?
 chanterais-t'?
 chantereus-v'?
 chanteraïe-v'?
 chanterait-i *ou* elle?
Plur. chanterans-je?
 chantereus-v'?
 chanterant-is *ou* elles?

Futur antérieur.

Sing. ara-je
 arais-t'
 areus-v'
 araïe-v'
 arait-i *ou* elle   } chantaïe?

Futur antérieur (suite).

Plur. arans-je
 areus-v'
 arant-is *ou* elles   } chantaïe?

CONDITIONNEL

Présent.

Sing. chantereus-je?
 chantereus-t'?
 chanterins-v'?
 chantereut-i *ou* elle?
Plur. chanterins-je?
 chanterins-v'?
 chanterint-is *ou* elles?

Passé.

Sing. areus-je
 areus-t'
 arins-v'
 areut-i *ou* elle   } chantaïe?
Plur. arins-je
 arins-v'
 arint-is *ou* elles

REMARQUE : L'interrogation *Est-ce qué ?* peut se mettre à chaque personne et à chaque temps.

VERBES CONJUGUÉS NÉGATIVEMENT.

INDICATIF

Présent.

Sing. jé n' chante-mie
 té n' chantes-mie
 vé n' chanteus-me
 vé n' chantaïe-me
 i *ou* elle né chante-mie
Plur. jé n' chantans-me
 vé n' chanteus-me
 is *ou* elles né chantant-me

Imparfait.

Sing. jé n' chanteus-me
 té n' chanteus-me
 vé n' chantins-me
 i *ou* elle ne chanteut-me
Plur. jé n'chantins-me
 vé n'chantins-me
 is *ou* elles né chantint-me

Passé défini et *indéfini.*

Sing. j' n'a-me
 t' n'ais-me
 v' n'aveus-me
 v' n'avaïe-me
 i *ou* elle n'ait-me
Plur. j' n'avans-me
 v' n'aveus-me
 is *ou* elles n'avant-me
 ou n'ont-me   } chantaïe

Plus-que parfait et *Passé antérieur.*

Sing. j' n'aveus-me
 t' n'aveus-me
 v' n'avins-me
 i *ou* elle n'aveut-me
Plur. j' n'avins-me
 v' n'avins-me
 is *ou* elles n'avint-me   } chantaïe

Futur.

Sing. jé n' chantera-me
       té n' chanteraïs-me
       ve n' chantereus-me
       vé n' chanteraïe-me
       i *ou* elle né chanterait-me
Plur. jé n' chanterans-me
       vé n' chantereus-me
       is *ou* elles né chanterant-me

Futur antérieur.

Sing. j' n'ara-me
       t' n'arais-me
       v' n'areus-me
       v' n'araïe-me
       i *ou* elle n'arait-me
Plur. j' n'arans-me
       v' n'areus-me
       is *ou* elles n'arant-me   } chantaïe

CONDITIONNEL

Présent.

Sing. jé n'chantereus-me
       té n'chantereus-me
       vé n'chanterins-me
       i *ou* elle né chantereut-me
Plur. jé n'chanterins-me
       vé n'chanterins-me
       is *ou* elles né chanterint-me

Passé.

Sing. j' n'areus-me
       t' n'areus-me
       v' n'arins-me
       i *ou* elle n'areut-me
Plur. j' n'arins-me
       v' n'arins-me
       is *ou* elles n'arint-me   } chantaïe

IMPÉRATIF,

Sing. né chante-mie
       n 'chanteus-me
       n' chantaïe-me
Plur. n' chantans-me
       n' chanteus-me

SUBJONCTIF

Présent et *Imparfait.*

Sing. qu' jé n' chantë-me
       qu' té n' chantës-me
       qu' vé n' chantins-me
       qu' i *ou* elle né chantë-me
Plur. qu' jé n' chantins-me
       qu' vé n' chantins-me
       qu'is *ou* elles né chantint-me

Passé et *Plus-que-parfait.*

Sing. qué j 'n'ayeus-me
       qué t 'n'aveus-me
       qué v' n'avins-me
       qu'i *ou* elle n'aveut-me
Plur. qué j' n'avins-me
       qué v' n'avins-me
       qu'is *ou* elles n'avint-me   } chantaïe

INFINITIF
Présent.

ne *ou* n' mie chantaïe

Passé.

n'avoir mie chantaïe

PARTICIPE

Présent,

n' chantant-me

Passé.

n'avant-me chantaïe

REMARQUE : L'ë de *me* ne se fait pas sentir : *Jé n' chantans-me, jé n' chantans-m'.*

La négative *né* ne prend l'accent qu'au féminin; on dit : *I n' chante-mie,* et *elle né chante mie.*

CONJUGAISON DU VERBE **DÉRE** (Dire).

INDICATIF

Présent.

Sing. j' dis
té dis
v' dijeus, *ou* vé d'jeus
v' dijaïe, *ou* vé d'jaïe
i *ou* elle dit
Plur. j' dijans, *ou* jé d'jans
v' dijeus, *ou* vé d'jeus
is d'jant, *ou* elles dijant

Imparfait.

Sing. j' dijeus, *ou* jé d'jeus
t' dijeus, *ou* té d'jeus
v' dijins, *ou* vé d'jins
i d'jeut *ou* elle dijeut
Plur. j' dijins, *ou* jé d'jins
v' dijins, *ou* vé d'jins
is d'jint, *ou* elles dijint

Passé indéfini et *défini.*

Sing. j'a
t'nis
t'aveus
v'avaïe
l' *ou* elle ait } dit
Plur. j'avans
v'aveus
l' *ou* elles avant

Plus-que-parfait et *Passé antérieur.*

Sing. j'aveus
t'aveus
v'avins
l' *ou* elle aveut } dit
Plur. j'avins
v'avins
l' *ou* elles avint

Futur.

Sing. j' dira
té dirais
v' direus
v' diraïe
i *ou* elle dirait
Plur. j' dirans
v' direus
is *ou* elles dirant

Futur antérieur.

Sing. j'ara
t'arais
v'areus
v'araïe, etc. } dit

CONDITIONNEL

Présent.

Sing. j' direus
té direus
v' dirins
i *ou* elle direut
Plur. j' dirins
v' dirins
is *ou* elles dirint

Passé.

Sing. j'areus
t'areus
v'arins
i *ou* elle areut, etc. } dit

IMPÉRATIF.

Sing. dis
d'jeus
d'jaïe
Plur. dijans
d'jeus

SUBJONCTIF

Présent et *Imparfait.*

Sing. qué j' dijë
qué t' dijës
qué v' dijins
qu'i *ou* elle dijë
Plur. qué j' dijins
qué v' dijins
qu'is *ou* elles dijint

Passé et *Plus-que-parfait.*

Sing. qu' j'aveus
qu' t'aveus
qu 'v'avins
qu'l' *ou* elle aveut, etc. } dit

CLESSE.

4

INFINITIF		PARTICIPE
Présent.		*Présent.*
dére	d'jant	
Passé.		*Passé.*
avoir dit	dit, avoir dit	

CONJUGAISON DU VERBE **FARE** (Faire).

INDICATIF

Présent.

Sing.
j' fas
t' fas
v' fayeus
v' fayaïe
i *ou* elle fat

Plur.
j' fayans
v' fayeus
is *ou* elles fayant

Imparfait.

Sing.
j' fayeus
t' fayeus
vé fayns
i *ou* elle fayeut

Plur.
j' fayns
vé fayns
is *ou* elles faynt

Passé indéfini et *défini.*

Sing.
j'a
t'ais
v'aveus
v'avaïe
i *ou* elle aveut

Plur.
j'avans
v'aveus
is *ou* elles avant
} fàt

Plus-que-parfait et *Passé antérieur.*

Sing.
j'aveus
t'aveus
v'avins
l' *ou* elle aveut

Plur.
j'avins
v'avins
l' *ou* elles avint
} fàt

Futur.

Sing.
j' fra
t' frais
vé freus
vé f'raïe
i *ou* elle f'rait

Plur.
j' f'rans
vé freus
is *ou* elles f'rant

Futur antérieur.

Sing.
j'ara
t'arais
v'areus
v'araïe, etc.
} fàt

CONDITIONNEL

Présent.

Sing.
j' freus
t' freus
vé f'rins
i *ou* elle f'reut

Plur.
j' f'rins
vé f'rins
is *ou* elles f'rint

Passé.

Sing.
j'areus
t'areus
v'arins, etc.
} fàt

IMPÉRATIF.

Sing.
fas
fayeus
fayaïe

Plur.
fayans
fayeus

SUBJONCTIF

Présent et *Imparfait.*

Sing.
qué j' fayë (fayeu)
qué t' fayës
qué v' fayins
qu'i *ou* elle fayë

Plur.
qué j' fayns
qué v' fayns
qu'is *ou* elles faynt

Passé et *Plus-que-parfait.*

Sing.
qu' j'aveus
qu' t'aveus
qu' v'avins
qu'l' *ou* elle aveut
} fàt

Plur.
qu' j'avins
qu' v'avins
qu'l' *ou* elles avint
} fàt

<table>
<tr><td colspan="2" align="center">INFINITIF</td><td></td><td colspan="2" align="center">PARTICIPE</td></tr>
<tr><td></td><td align="center">Présent.</td><td></td><td></td><td align="center">Présent.</td></tr>
<tr><td>fare</td><td></td><td></td><td>fayant</td><td></td></tr>
<tr><td></td><td align="center">Passé.</td><td></td><td></td><td align="center">Passé.</td></tr>
<tr><td>avoir fàt</td><td></td><td></td><td>fàt, ayant ou avant fàt</td><td></td></tr>
</table>

REMARQUE : L's finale ne se prononce à aucun temps, l'a du participe passé *fât* est long et le *t* ne se fait pas sentir.

CHAPITRE VII. — TEXTES PATOIS.

Les petits ruisseaux font les grandes rivières.
Dans les petits pots les bons onguents,
Dans les grands ce qu'on veut.
C'qué femme veut, Dieu le veut, etc.
Mieux vaud tard qué jamas.

Dans ces proverbes le patois ne diffère pour ainsi dire pas du français ; dans les suivants il s'en éloigne davantage :

I faut penre lé temps coume i vint,
Et läy couri le vent sur les tules.
L'homme proupouse et Dieu dispouse.
N'y ait-m'si grand mau qu'i n'y aveut ein petit bin à cotaïe.
L'âwe va toujous au moulin.
Vaut mieux läy l'afant mourveux qué d' li arrachi l' naïe.
Vaut mieux ollaïe à la miche qu'au médecin.
Quand l' vin est tiraïe i faut le boère.
Quand les chats n'y sont-m', les souris dansent.
Dans le royaume des avules les bougnes sont rois.
L'ait de la courde dé pendu dans sa poche.
I n'vaut-m' la courde pous le pende.
I n'ait qu' la pé et les os.
Les conseillawes n' sont-m' les payawes.
Bon chevau n'ait jamas atu rosse.
A ein chevau bailli on n' regarde mie l'âge à la bouche.
Petit poisson vanré grand.
Qu' chaqu'in fäyeut s' métier, le vaches serant bin gardäyes.
I n'faut-m' brulaïe la chandéie par les dawe bouts.
Quand n'y ait rin au reté les chevaux se battant.
Lé s'lo lut pou tout le monde.
Ça n' sé trouve mie dans l' pas d'ein chevau.
Quand on pâle don lawe on à voit la quawe.
On attrappe pus d' mouches aveu don miel qu'aveu don vinaigre.

CHAPITRE VIII.

COMPARAISON DU PATOIS DE FILLIÈRES AVEC D'AUTRES PATOIS.

1° Avec le patois messin.

1° L'utilité de la perruque.

(Metz.)

Hécheu, quand not' Chan s'at levé
    Il aveut des counes
Comme un escargot d'Angounes.
— Eh ! Margot, qu'é que ç'at qu'çolé?
J'creu qu' j'a des counes dans mes chawous.
    J'éreu mechou
    Ete galou
Qu' d'aveur ac en lé dans mes chawous.
— Couche-to, Chan, né t'en vante mé
Tos les monsieux en ont en lé ;
Ç'at po c'lé qu'i poutent des paruques.
    — Eh ! beune, Margot,
Fais-me z'en faire ieune tot d'chute.

2° La petite Mayatte.

(Bousse.)

Ç'ateut lé piatte Mayatte
Que s'en alleut eva sa hatte
    Clier des poirattes.
L'é rencontré Francis Lorond,
    I june gachon
    D'bonn' façon,
Qué l'é rewatié et l'é houyé :
    —Veneuz-en tocé,
    J'ai à to paler.

CHAPITRE VIII.

COMPARAISON DU PATOIS DE FILLIÈRES AVEC D'AUTRES PATOIS.

1° Avec le patois messin.

1° L'utilité de la perruque.

(Fillières.)

Hocheu, quand note Jean s'ait levaïe
L'aveut des counes
Coume ein escargot d'Angounes.
— Eh ! Margot, qu'est-ce qué c'est qué cela ?
J'creux qu' j'a des counes dans mes chavawes.
J'aimereus mieux
Éte galawe
Qué d'avoir aque enlà dans mes chavawes.
— Tâs-të, Jean, n't'en vante mie
Tous les mossieurs en ont enlà ;
C'est pou cela qu'ils pourtant des perruques.
— Eh ! bin, Margot,
Fa-m'z'en fare éne tout d'chute.

2° La petite Mayotte.

(Fillières.)

Ç'ateut la p'tiotte Mayotte
Qui s'en olleut aveu sa hotte
Cueilli des poirettes.
Elle ait rencontraïe Francis Loroud,
Ein jone gachon
Dé bounne façon,
Qui l'ait r'gardaïe et l'ait hoüye :
— Venant-s-en touci,
J'a aque à t' dère.

Mé bèle émie tu n'es-m' volaige
    Et dans lo v'laige
    Chequin t'estime.
Si tu veux to mérier
    Te pourrez treuver
    Sans trop chercher,
    Ibé guéchon
    Qu'erin eine mohon
    Et ica des teires, etc.

3° La Bocotte.

(*Ars - Laquénexy.*)

C'ateut eine vieye bocotte
Qu'éveut au moins cent ans,
    M'n' afant.
L'é étu dans lo jédin
Dans lo jédin d' Chan Bertrand,
    M'n' afant.
L'é maingié eine tête de jotte
Que valeut beun cent francs,
    M'n' afant.
Eine hupaye des carattes
Qu'eu valeut beun austant,
    M'n' afant.
L'é étu houyaye
Devant lo parlement,
    M'n' afant.
Lé levé sé quawe
All's'est assiété sur un banc,
    M'n' afant.
Lé fourré ses counes, etc.

Le dernier couplet ne peut guère se dire, même en patois.

Ma belle amie té n'es-m'volage
    Et dans le village
    Chaquin t'estime.
Si t'veux t'mariaïe
    T'pourrais trouvaïe
    Sans trop charchi,
    Ein bé gachon
    Qu'arait eine majon
    Et aussi des tères, etc.

3° La Biquette.

(Fillières.)

C'ateut éne vieye biquette
Qu'aveut au moins cent ans,
    M'n' afant.
L'ait atu dans l' jardin,
Dans l' jardin don Jean Bertrand,
    M'n' afant.
Elle ait maingi éne téte dé chou
Qui voleut bin cent francs,
    M'n' afant.
Ene goulaye de carottes
Qu'en voleut bin austant,
    M'n' afant.
Elle ait atu houyäye
D'vant l' parlement,
    M'n' afant.
Elle ait levaïe sa quawe
Elle s'ait assieutaïe d'sus ein banc,
    M'n' afant.
Elle ait fourraïe ses counes, etc.

Le dernier couplet ne peut guère se dire, même en patois.

2° Avec le patois lorrain.

4° Même sujet que le précédent : La Gaye de m' nonon Chan (¹).

(*Malavillers²*.)

Ç'ateut ein 'foué ein' gaye
Qu'aveut d' l'entendement,
  M'n' ofant.
All' é sautey ein' haye,
La haye de m' nonon Chan,
  M'n' ofant.
All' é mingi ein chou
Qui valeut ben cent francs,
  M'n' ofant.
Co ein ari (un carreau) d' pourottes
Qu'en valeut ben austant,
  M'n' ofant.
Ma foué ! dit m' nonon Chan,
J'en pladirons su l' champ,
  M'n' ofant.
All' s'en va-t-à l'audience
Les deux counes devant,
  M'n' ofant.
All' retrousseu sa quawe
Et s'assieuteu su l'banc,
  M'n' ofant.
All' fayeut ein moncé d' crottes ;
Ç'oteut p' payèr l' sergent,
M'n' ofant.
Et quall' foureu s' coune, etc.

(¹) Nous avons cru devoir donner ces deux chansons à la suite l'une de l'autre, à cause de l'analogie du sujet, mais cela nous oblige à confondre un peu le patois lorrain avec le patois messin, auquel nous voulons encore emprunter un exemple, dont nous donnerons le texte en quatre patois différents.

(²) Village du canton d'Audun-le-Roman, à 7 ou 8 kilomètres de Fillières.

2° *Avec le patois lorrain.*

4° Même sujet que le précédent : **La Gaye dé m' nonon Jean.**

(*Fillières.*)

Ç'ateut éne foué éne gaye
Qu'aveut d' l'entendement,
    M'n' afant.
Elle ait sautaïe éne hâye,
La hâye dé m' nonon Jean,
    M'n' afant.
Elle ait maingi ein chou
Qui voleut bin cent francs,
    M'n' afant.
Et co ein ari d' pourettes
Qu'en voleut bin austant,
    M'n' afant.
Ma foué ! dit m' nonon Jean,
J'en pladirans sus le champ,
    M'n' afant.
Elle s'en va à l'audience
Les dawes counes devant,
    M'n' afant.
Elle rétrousseut sa quawe
Et s'assieuteut sur le banc,
    M'n' afant.
Elle fayeut ein moncé d' crottes ;
Ç'ateut pou päyi l'sergent,
    M'n' afant.
Et pu, elle foureut sa coune, etc.

5° L'infidèle.

(Patois messin.)

Pé in dieumanche dans le métin,
Jé m'an olleu veur m'émin ;
Jé monteu dessu me haut chevau,
Jé ne panseu et auqu'in mau.
J'a prin éne rôte novelle,
Qué mé condu délé m'infidèle.
Quand j'a érivé su les hauts monts
J'a ouï toplié de violons,
Des violons et des timbales ;
Ç'o mé métresse qu'oteu mériaye.

Mas jé n'an oteu me bène chure,
Jé m'an olleu jousqu'é tolé.
J'a vu in grous tropé de geans remessie,
Qué m'on tortu ri au né.
J'a béne vu è zoute ollure
Qué mo-néfare n'oteu me tot chure.
Eyou ce qué te vâ pour émorous ?
T'o dans les mées d'in molin procourous.
Té n'é me béne pliadié ton éfare,
Qué té métresse o mériaye.

J'a déchandu en bèche dé mo chevau,
Je l'a étéché èprès in potau ;
J'a étu veur au motin
Si nieveu éne noce ou in féchetin.
J'a vu lé novelle mèriaye
Qu'oteu béne recokiaye.
Quand j'a étu fieu don motin,
Jé lés réouatieu, is me réoutins.
Ele panseu è nos èmours pessayes,
Que j'éveu tant fait de crowayes.

Ele mé invité è déjuné
Po anco bouère à mé santé.

5° L'infidèle.

(Fillières.)

Pa ein dimanche dans la matinaïe,
J'm'an olleus voir ma bounne amie;
J' monteus d'sus m' haut chevau,
Jé n' penseus à auqu'in mau.
J'a prins éne route nouvalle,
Qui m'ait condut délaïe m'n'infidèle.
Quand j'a arrivaïe sur les hauts monts
J'a oyï tout plé d' violons,
Des violons et des timbales;
Ç'ateut ma maîtresse qu'ateut mariâye.

Mas, j' n'an'ateus-m' bin sûr,
J'm'an'olleus jusqu'à tout-là.
J'a vu ein gros troupé de gens rassemblaïes
Qui m'ont tourtous ri au naïe.
J'a bin vu à lous allure
Qué m'naffare n'ateut-m'tout sûre.
Eh ! awe-ce qué t' vas, pouve amoureux?
T'es dans les mées d'ein malin procureur.
Té n'ais-m' bin pladii t'n' affare,
Qué ta maîtresse est mariâye.

J'a d'chandu en bache dé m' chevau,
J' l'a attachi après ein poteau;
J'a atu voir à l'église,
Si n'y aveut-m' eine noce ou ein festin.
J'a vu la nouvalle mariaye
Qu'ateut bin requinquâye.
Quand j'a atu fieu d' l'église,
J'les r'gardeus, is m' r'égardint.
Elle penseut à nous amours passâyes,
Qu'j'aveus tant fat d' crawâyes.

Elle m'ait invitaïe à d'junaïe
Pou co boère à ma santaïe.

Mas éle mé min au pu haut bou,
Eyou ce qu'on o lo pu hontous.
Ele m'o feyeu pessé po bétât;
Eh ! mon Dieu, ce n'oteu me co fât.
Je me couëcheu dezo mo chépé,
Jé m'antorteilleu dedans mo manté.
Mais lo kieur dé lé mériaye
Conecheu béne més pansayes.

Mas quand é venin le nut,
Ele me min couzi tot nu.
Jé m'a sauvé su zoute cénau (grenier à foin)
Evo chégrin pessé més maus.
Mas le mérié et lé mériaye
M'on venin jeté è lè volaye (renverse).
Is m'ont jeté iù si grous cou
Qu'is m'on kessé le chéné don doue.
Jé m'a étu mote dessu lè bolaye (paille)
Po pessé le rèche dé lé nutaye.

Jé n'a me étu pu tou andreumin
Qué voce éne bande dé libertins.
Jé m'a meussié dezo zoute récliu (cuvelet)
Po pleur pessé le rèche de le nut.
Mas jé ne mo treveu me béne tolé :
Niéveu que dés seris et des grous rés.
On m'é prin pé le crégneye (chevelure),
On m'é min dans ene grande vessaye (vessie) ;
On m'é jeté su éne haye,
Au diale è la volaye.

6° **Même sujet.**

(*Malavillers.*)

J'avos ein matrosse à Dapicout ;
Jé l'allos vor presqu' tous les jours.
Jé n'atous-me in grand dépensou ;

Mas elle m'ait mins au pus haut bout,
Awe-c' qu'on est l' pus hontawe.
Elle mé fayeut passaïe pous bétat ;
Eh ! mon Dieu, c' n'ateut-m' co fat.
Jé m'coucheus d'sous m' chapé,
J'm'attourtilleus d'ans m'manté.
Mas l' cœur d' la mariaye
Coun'cheut bin mes pensayes.

Mas quand ait v'nin la nut,
Elle m'ait mint cosi tout nud.
J' m'a sauvaïe sus lou cineau
Aveu chagrin passaïe mes maux.
Mas l' mariaïe et la mariaye
M'avant v'nin j'taïe à la renverse.
Is m'avant j'taïe ein si gros coup
Qu'is m'avant cassaïe la chine don dou.
J' m'a atu mette dessus la bolaye
Pous passaïe l' rèche d' la nutie.

J' n'a-m'atu pus tout adourmin
Qué v'ci ein tas d'libertins.
J' m'a couachi d'sous lou queuvion
Pou pleure passaïe l' rèche dé la nutie.
Mas jé n'mé trouveu-m'bin tout-là :
N'y aveut qu' des souris et des gros rats.
On m'ait prins pa la crinière,
On m'ait mins dans eine grande vessie ;
On m'ait j'taïe sus eine hâye,
Au diabe à la volâye.

6° Même sujet.

(*Fillières.*)

J'aveus eine maîtresse à Dapicourt ;
J' l'olleus voir presqué tous les jous.
Jé n'sume ein grand dépensier ;

Avo ein mitan d'' ferboulaye
Jé passos ma journaye.

J' m'y en allos dé grand matin,
Jé rencontra lé gros Martin.
Y m' dit comme ça : — Ousque ta vas ?
Prends tes solays, mets-les sous t' bras,
Car c'est ein chous' ben assurey
Que ta matrosse sa va mariay.

J'arrivo su l' haut des possons ;
J'oyeus déjà les violons
Qui fayeut des reguiengnien gniens.
Y m'avant dit : — Bonjou, m' cousin ;
Atrez ci-dedans not' mojon,
On v' baré ein' tranche d' jambon.

Y m'avant fa assieur au culot,
Y n' m'avant baiy qu' du magot ;
J'avos l' gorgeon si débrolay
Qué je n' peuleu rin avolay ;
Si c' n'avot étu la mariaye
Qui m' donneut queuqu' bonn' goulayes.

All' m' rwatot, je la rwatos ;
All' sopirot, je sopiros.
C'ateut ben d' la faute don curay
Qué ma matrosse ateut mariaye,
Ker si c' n'avot-m' étu l' curay,
J'aros co pu la réchappay.

Y m'avant fa ben des hyppeys ;
J'a ben vu qu' ç' oteut pou s' moqey.
Y m'avant fa aller dansi,
Aco n'aveus-je pon d' sou p' payeï,
Avo mes gros et lours solays
Qu' m' colent aux pis comme des colays.

Y m'avant mi couchi su l' fon ;
Pou don sommey j' n'en avos pon.
Y s'en sont v' nis couchi d' lé mi,

Aveu éne mitan d' ferboulaye
J' passeus ma journâye.

Jé m'y en olleus d' grand matin,
J' rencontreus l' gros Martin.
I m'dit en là : — Awe-c' qué t' vas ?
Prends tes solaïes, mets-les sous t' bras,
Car c'est éne chouse bin assurâye
Qué ta maîtresse sé va mariaïe.

J'arrive sus l'haut des possons ;
J'öyeux déjà les violons
Qui fäyint des regniengnien gniens.
Is m'avant dit : — Bonjou, m'cousin ;
Entreus d'dans note majon,
On v' baillerait ein' tranche dé jambon.

Is m'avant fat assieutaïe au culot,
Is n' m'avant bailli qu' don magot.
J'aveus l' gorgeon si débrolaïe
Qué jé n' péleus rin avolaïe ;
Si c'n'aveut atu la mariaye
Qui m'bailleut quéq' bounes goulâyes.

Elle mé r'gardeut, jé la r'gardeus ;
Elle soupireut, jé soupireus.
Ç'ateut bin la faute don curé
Qu' ma maîtresse ateut mariaye,
Car si c' n'aveut-m' atu l' curé
J'areus co pu la réchappaïe.

Is m'avant fât ben des hippaïes ;
J'a bin vu qu' ç' ateut pou s' moquaïe.
Is m'avant fât ollaïe dansi,
Et co n'aveus-je pon d' sou pou päyi,
Aveu mes gros et lourds solaïes
Qui m' collint aux pis comme des colaïes.

Is m'avavant mins couchi su l' fon ;
Pou don soume j' n'en aveus pon.
Is s'en ont v'nins couchi d' laïe mi,

Et n'avant rin fa qu' d' s' margouli.
J'a ben oyu a lou disaye
Qu'ma matrosse atout mariaye.

7° Même sujet.

(*Serrouville* [1].)

Un dieumanche de buon matin
Je m'en allou vöer ma mein.
Je mettou ein bé chapé,
Je mettou ein bé manté.
Je montou su not' gros ch'vau
Qui s'apelout le Mouriau.

Tot le long de ces grands chemins
Je trouvon des gens qui m' djieint :
Ah ! poure amouraou hontaou,
T'es louvay ein poure procuraou.
Ta cause a étu mau mounaye,
Ta matrosse est mariaye.

Quand j'érivou dans Larimond ([2]),
J'oyou déjé l' carillon ;
J'oyou les mentreys jouey,
J'oyou les gachons térey ;
J'oyou ben à laou ramaige
Qu'y s'agisseut d'in mariaige.

Je m'en allou dans laoü mouty,
Ma c' n'oteut pou z'y priy.
Ç'oteut por voër la mariaye
Si elle oteut ma ou ben paraye.

(1) Serrouville est un village du canton d'Audun-le-Roman, à quatre kilomètres de Fillières. On peut voir, par là, quelle est déjà la différence des patois à si peu de distance.

(2) On lit dans une note mise au bas de cette chanson, dans le livre où nous l'empruntons, que Larimoud est un village du canton d'Audun-le-Roman ; c'est une erreur. Il n'y aucun village de ce nom dans le canton d'Audun-le-Roman. Il y a une ferme champêtre près de Longwy, dont le nom s'écrit comme ci-dessus, mais ce n'est pas de cette localité qu'il s'agit ici, mais bien d'un bois ppelé la Rimon, qui se trouve entre Serrouville et Fillières.

Et n'avant rin fat qué s'rembrassi.
J'a bin öyu à c' qu'is d'jint
Qu'ma maîtresse ateut mariaye.

———

7° **Même sujet**.

(*Fillières*.)

Ein dimanche dé bon matin
J'm'en olleus voir ma bounne amie.
J' metteus ein bé chapé,
J' metteus ein bé manté.
J' monteus sus not' gros ch'vau
Qui s'apeleut le Mouriau.

Tout l' long de ces grands chemins
J' trouveus des gens qui m' dijint :
Ah ! pouve amoureux hontawe,
T'ais louaïe éin pouve procureur.
Ta cause ait atu mau mounaye,
Ta maîtresse est mariaye.

Quand j'arriveus dans la Rimon,
J'öyeus déja l' carillon ;
J'öyeus les musiciens jouaïe,
J'öyeus les gachons tiraïe ;
J'öyeus bin à lou ramache
Qu'i s'agisseut d'ein mariache.

J' m'a-n'olleus dans lou-s église,
Mas c' n'ateut-m' pous y priy.
Ç'ateut pou voir la mariaye
Si elle ateut mawe bin paraye.

En entrant dans laoü mouty,
La mariaye m' rwati, je la rwati.
Mas le cœur de la mariaye
Saveut maou ben ma pensaye.

En sortant de laoü mouty,
Le mariey m'é rwati.
Le mariey et la mariaye
M'ont invité à lou dinay.
Y m'ont mins au pu haut bout.
D'où qu' j'eteus le pu hontaou.

J'éveus le cœur si tafouchetay
Que je n' pelou rin avoley,
Si non deuche ou treuche bonnes bouchies
Que m' bailleut ma douce amie.
J'a mis ma tête dessous m' chapé
Et j' m' rentortiyeu dans m' manté.

J' m'en allou dans not' mojon
J' m'a mins au lit d' bonne façon.
J'en a avu la repousaye (le repos)
De chinq ou chiche maou bonn's journayes
Mé mare n' fayeut rin qu' trioley
Et m' pare jureut des gross' mouchayes :
— Ah ! que maudit soit la journaye
Que t'es étu voër la mariaye (¹) !

____

(1) Ces différentes chansons, en regard desquelles nous avons mis le patois de Fillières, sont tirées du livre publié par M. le comte de Puymaigre, sous le titre de : *Chants populaires recueillis dans le pays messin*, à l'exception de l'*Infidèle*, en patois messin, nº 5, qui est extraite d'un almanach lorrain, par M. Jaclot. Nous avons eu soin d'en reproduire exactement l'orthographe, qui varie plus d'une fois dans les mêmes mots, suivant les localités.

En entrant dans lou-s église
La mariaye m'ait r'gardaïe, j'l'a r'gardaïe,
Mas le cœur dé la mariaye
Saveut mawe bin ma pensaïe.

En sourtant de lou-s église,
L' mariaïe m'ait r'gardaïe.
L'mariaïe et la mariaye
M'ont invitaïe à lou dinaïe.
Is m'ont mins au pus haut bout,
D'awe-c' qué j'ateus l' pus hontawe.

J'aveus le cœur si attristaïe
Qu' jé-n' péleus rin avolaïe,
Sinon dawe treus bounnes bouchies
Qué m' bailleut ma douce amie ;
J'a mins ma téte désous m' chapé
Et j' m'atourtilleus dans m' manté.

J' m'a-n'olleus dans notre majon,
J' m'a mins on lit d' bounne façon.
J'a-n'a avu la r'pousâye
De cinq awe chix mawe bounnes journâyes.
Ma mère n' fäyeut rin qué d' triôlaïe
Et m' père jeureut des gros jeurements :
— Ah ! qu' maudit feut la journâye
Qué t'ais atu voir la mariaye.

Nous en avons dit assez pour donner une idée suffisante du patois de Fillières, et faire voir comment il. diffère des autres dialectes, soit du pays messin, soit lorrain, même de ceux qui en sont le plus rapprochés, comme celui de Serrouville. Cependant nous ne résistons pas au désir de le comparer encore, pour finir, à un dernier échantillon de patois lorrain du xviie siècle, emprunté au *Dialogue de Thoinette et d'Alison,* publié par M. Albert de la Fizelière.

THOINETTE.

Hay Alizon et ta seu quo fait? o me semble tote biscasiee.	Hé Alizon ! et ta sœur ! qu'est-ce qu'elle fât ? Elle m'ait l'air tout débiscaillie.

ALIZON.

Vere o vos semble tote biscasiee ; ol a cuidé mousi.	Elle peut bin paraite toute débiscaillie, elle ait cru mouri.

THOINETTE.

Ol a cudé musi verement, il y pierre bonne a va car ol est orublement dephnee.	Ah ! elle ait cru mouri ; il y parait ma foé bin, ca elle est horriblement défate.

ALIZON.

Vere ol est orublement dephnee, ol m'a brin de chaye autour laye, ol n'a may que la piau sus la pouure cracasse.	Oh-i-oïl ! elle est horriblement défâte : elle n'ait-m' ein brin de châ autou d'leïc, elle n'ait qu'l a-pé sus sa pouve carcasse.

THOINETTE.

Vous én avez esté bien faschee.

Faschee, i'en auons eu un si grand marisson, mey et le noustre ien auome cudé mousi.

THOINETTE.

La fille estet gentille ol vous ressembloit.

ALIZON.

Vere, mais ie su un tantet pu neire que lee.

THOINETTE.

O qui vo vet la vet, mais on diset qu'olle estoit commen- cee.

ALIZON.

Vere, i'eu esteme tot con- tre, il y auet le fieu à la commère Jeanne qui aueut enuic en laye, mais ol nen voulut brin, ol diset que ne voulot hobé doué nous.

THOINETTE.

Mais ma pouure seu comment ly a pris ce maux ?

V'a n'aveus atu bin fachis.

Faschis ! J'a-n'avans avu ein si grand chagrin, mi et note houmme, qu' j'a-n'avans cru mouri.

La feille ateut gentille, elle vé r'senneut.

Oïl, mas j'sus cin tàntinet pus neure qué léïe.

Oh ! qui v' voit la voit ; ma on d'jeut qu'elle ateut prou- minche (fiancée).

C'est-à-dére qué j'a-n'atins tout près : n'y aveut l'gachon d' la coumère Jeanne qu'aveut assaïe envie d' léïe , mas elle n'an'ait-m' v'lu ; elle ait dit qu'elle né v'leut-m' s'a-n'ollaïe d'aveus nous.

Mas, ma pouve sœur, coum- ment ait-elle attrapaïe ce mau- là ?

Alizon.

Ardé ma pouure cousine Thoinette, il y a prins en allant à cheuau sus nostre charrette.... etc. (¹).	Eh, ma foë, ma pouve cousine Toinette, il y ait prins à-n'ollant à chevau sus note charrette.... etc.

(1) On ne sait pas précisément à quelle localité appartient ce patois, mais il doit être de Menaucourt ou des environs, puisque ce dialogue semble être, dit M. de la Fizelière, une satire personnelle contre quelque médecin bel esprit de l'endroit.

FIN DE LA PREMIÈRE PARTIE.

UN PATOIS LORRAIN

SECONDE PARTIE (¹)

VOCABULAIRE PATOIS-FRANÇAIS

Nous manquerions à nos plus sincères sentiments si nous n'exprimions ici toute notre gratitude pour l'Académie de Stanislas, qui a bien voulu accueillir dans ses *Mémoires* la première partie de notre travail, et nous croyons répondre à sa pensée en ajoutant un complément à un Essai qu'Elle a honoré de sa distinction. Un Dictionnaire complet, toutefois, eût été hors de proportion avec cette première partie; aussi, avons-nous laissé de côté les mots qui peuvent se reconstituer facilement, soit par analogie avec ceux que nous citons, soit par les règles que nous avons données dans la grammaire qui précède; mais nous avons tâché, néanmoins, de comprendre dans notre vocabulaire tous ceux qui appartiennent à notre patois comme idiotismes, ou qui le caractérisent le plus particulièrement par la manière dont ils s'écrivent ou se prononcent.

(¹) Cette seconde partie n'a pas paru dans les *Mémoires de l'Académie*.

VOCABULAIRE PATOIS-FRANÇAIS

A

A-en'-en. *A-v'laïe-v'co ?* En vou-
lez-vous encore ? *Merci, j'en'a
assaïe.* Merci, j'en ai assez.
Prononcez *en'* comme dans
Jeanne. A se met devant une
consonne , *en'* devant une
voyelle.

Accrammii, entremêler.

Acque, chose. *N'y ait-m' mawlt
acque.* Il n'y a pas grand'chose.

À-fât, au hasard , sans choisir.
J'a prins à-fât.

Afficot, étui où les femmes, en
tricotant, appuient une de leurs
aiguilles à tricoter.

Agasse, pie. *Œils d'agasse,* cors
aux pieds.

Âge, aise. *Bin-âge,* bien aise
(pron. *bine*).

Âgiment, aisément. *Bin-âgiment,*
bien aisément.

Agoulaïe, avaler gloutonnement ;
se dit surtout en parlant des
animaux.

Ahalaïe , gêner, embarrasser.
Fouie-të donc, t'm'ahales. Ote-
toi donc, tu me gênes.

Ahénaïe, faire les cultures, les
semailles. *Ahan,* en sanscrit,
est un des noms du jour, pour
dahan, dont la racine *dah* signifie *brûler.* (Max Müller, *My-*
thologie comparée, p. 70.) Ce
mot a passé dans notre vieux
langage avec l'idée de fatigue :
souffler d'ahan, de fatigue (*le
Nouveau Pathelin,* note du bi-
bliophile Jacob, p. 149), et s'est
appliqué naturellement, avec
cette double idée de jour et de
fatigue, à une des parties les
plus laborieuses des travaux
des champs.

Ahŏtaïe, embarrassé, embourbé.
Se dit d'une voiture qu'un obs-
tacle ou le mauvais état des
chemins empêche d'avancer.

Amignotaïe, choyer un enfant,
le cajoler, le gâter.

Anlà, ainsi, comme cela : *Ça
s'ait fât anlà, coumme j'vé l'dis.*
Cela s'est fait ainsi, comme je
vous le dis.

Araigne, araignée.

Arant, écurie.

Aranteule, toile d'araignée. Le
mot *teule,* toile, étant rejeté à
la fin du mot pour n'en faire
qu'un avec lui.

Arre don jou, l'aurore, le point
du jour.

Ărri, au raïe, hormis, au rez,
excepté.

Ârrie, ou *ârie,* plate-bande, carreau de jardin.

Assieutaïe, asseoir.

Aumare, armoire.

Avision, idée folle, bizarre, en-
fantine. *N'y ait-m' ène méchante
avision qu'i n'aveut, c't afant-là.*
Il n'y a pas une mauvaise idée
qu'il n'ait, cet enfant-là.

Avô-pad'vô, t'tavô, par, vers,
partout; on dit aussi *pad'veu.*

Avoïe, parti, sorti.

Avoii, éveiller.

Avouii, envoyer.

Awâye, eau grasse de la cuisine,
mélangée de débris de pain et
de légumes, pour les bestiaux.

Àwe, conj. *ou. Quate awe cinq.*

Äwè? äwe-est-ce? awe-s'qué?
Adv., où? où est-ce? où est-ce
que?

Âwe, eau; d'origine gaélique :
aven, avon, aon. Dans les mots
composés, on dit *eau* : de l'eau-
de-vie, de l'eau bénite.

Âwie, pron. : ah! oui; évier,
pierre d'eau.

B

Baçalle, servante.

Baheulaïe, tousser.

Bailli, pron. *baii,* donner.

Bâls, bal. Le patois le prononce
en allongeant l'*a,* et presque
toujours au pluriel. En ville,
on va au bal; à la campagne,
on va aux danses.

Banette, tablier.

Baratta, barattaïe, qui triche
au jeu, tricher au jeu.

Barôt, bélier.

Bârot, barottaïe, barottâye,
tombereau, mener au tombereau, charge d'un tombereau.

Bâtise, petit-lait de beurre.

Batture, palette de bois pour
battre le linge au lavoir, bout
du fléau.

Béhègne, s. f., lien pour attacher
les bêtes à cornes à l'écurie.

Bénir, consacrer. Se prononce
comme en français : *Don pé
bénit; Dieu v'bénisse,* comme
on dit aux personnes qu'on en-
tend éternuer.

Bénir, se dit d'une étoffe qui se
pique, et se prononce avec l'*é*
très-fermé.

Berlosse, coup, bosse à la tête.

Beurté, tamis pour passer le
grain ou la farine ; pron. *beur-t.*

Biâte, verrat.

Bin, pron. *bain.* — Bien, *c'est bin
fât.* Tant mieux, c'est bien fait.
Invariable comme dans le français, excepté dans *bin'âge, bin
agi, bin'agiment,* bien aise, bien
aisé, bien aisément, où il se
prononce *bine.*

Bîche, bichi, berceau, bercer.

Bichet, boisseau.

Bieu, bœuf.

Biquette, petite chèvre.

Bîsaïe, se dit des vaches qui
s'emportent dans les grandes
chaleurs, ou par suite de la pi-
qûre des mouches.

Bisaïe, se moquer de quelqu'un
par un frottement particulier
d'un index de la main sur l'autre.

Blammie, flamme.

Blanc-bounet, fille ou femme.

Bocquaïe, heurter.

Bocquion, bûcheron.

Botte au diabe! botte aux autes!
au diable soit!

Bouâye, lessive.

Bouffaïe, aboyer.

Bounette, bonnet de coton, coif-
fure très-commune à la campagne.

Bouquins d'avril, pluie d'avril.

Bourguignette, chevalet sur lequel on met le bois pour le scier (Étymol. : croix de Bourgogne ou de Saint-André).

Bouri-bouri, cri pour appeler les oies et les oisons.

Bouseraïe, barbouillé ; se dit surtout en parlant de la figure, et s'applique particulièrement aux enfants, qui sont plus coutumiers du fait.

Bouson, échelon d'une échelle.

Braman ! adv. Ah! bien oui ! Pas du tout! Bien loin de là ! Au contraire !

Brand'vin, s. m., eau-de-vie.

Braré, pleurer.

Brassenâye, ce que l'on peut contenir dans ses bras.

Brigousâwe, marchand ambulant.

Briquelotte, femme qui s'occupe de médecine, particulièrement par l'inspection des urines.

Brôii, broyer, broyer le chanvre.

Brôye, s. f., instrument à broyer le chanvre. Dans ce dernier sens on dit aussi *broquaïe.*

Brussenaïe, pleuvoter.

Buse, corps de fourneau.

C

Caffougni, gâter, froisser, entremêler.

Câgnaïe, éculer ses souliers.

Câgne, chienne.

Cahotaïe, éprouver des secousses, des soubresauts dans une voiture, par suite du mauvais état des chemins.

Camoussi, moisi.

Campousse, course, poursuite. *Penre sa campousse,* se sauver.

Bailli ène campousse ou *campoussi,* poursuivre quelqu'un à la course.

Caquiaïe, se dit du cri des poules qui veulent pondre.

Caramougnat, rétameur ambulant. On dit aussi *charamagnat.*

Cassion, morceau de verre ou de faïence cassé.

Çawe (lé, la), celui, celle.

Çawes-les, ces çawes-ci, ces çawes-là, ceux, ceux-ci, ceux-là ; celles, celles-ci, celles-là ; au fém., *ces çawes-lat'.*

Cawre, s. f., coudrier.

Cayot, s. m., noix.

Cerclaïe, échardonner.

Châ, viande.

Chabeusse, juif, rite juif, fête juive.

Chapé, chapeau. Pron. *cha-p* avec l'accent de la lettre *p* et non comme dans *échappé.*

Chappaïe, échapper.

Chardaïe, à qui il manque les dents de devant; au fém. *charddye.*

Chassure, bout de ficelle que l'on met au bout du fouet.

Chaudure, ortie.

Chavette, corde pour attacher les bestiaux.

Chavette dé filaïe, écheveau de fil.

Châwaie, mouiller, laver. *Châwaie la bouhâye,* faire la lessive.

Ché, char, chariot.

Chemin de Saint-Jacques, la voie lactée.

Cheupe, pelle à boue.

Chieulle, échelle.

Chigni, pleurer.

Chigni les dents, grincer des dents d'un air moqueur ou menaçant.

Choii, glisser.

Choiu, glissoir sur la glace.

Chôlé, s. m., haleine.

Choufflaïe, choufiette, souffler, flûteau.

Choûgnât, faux, dissimulé, regardant en dessous et de travers.

Choûmaïe, aspirer, flairer, rester à rien faire.

Choûtaïe, prêter l'oreille attentivement pour saisir un bruit ou un son faible ou éloigné. Ce mot manque à la langue française. En patois comme en français, on *écoute* quelqu'un causer, mais en patois on *choûte aux heuches* ou *aux fenintes,* tandis que le français n'a qu'un même mot pour dire : écouter causer, et écouter aux portes ou aux fenêtres.

Chûre, suivre. *Tout d'chûte,* tout de suite.

Chwâye (à), à couvert, à l'abri de la pluie. *Chawaïe,* mouiller.

Cilaïe et cilli, scier les blés aux champs.

Cille, faucille.

Ciquaïe, se dit des vaches qui se battent ou qui jouent en s'entremêlant les cornes.

Cisiau, ciseaux. S'emploie au singulier et jamais au pluriel, pour exprimer une seule paire de ciseaux ; de même pour *mouchette, pincette.*

Claïe, clef.

Clambochi, verbe actif, agiter, secouer, balancer quelqu'un ou quelque chose ; verbe neutre, remuer, branler, chanceler comme un homme ivre.

Clambochu, s. masc., balançoire.

Claquaïe, claquer du fouet ; fermer une porte, une fenêtre, avec violence et avec bruit.

Cloppaïe, boiter.

Clouïe, claie.

Cloure, clore, fermer, mais sans tourner la clef, ni mettre le verrou. *Clouaïe l'heuche,* poussez la porte. *I faureut froumaïe note heuche.* Il faudrait fermer notre porte à la clef. On dit cependant *froumaïe la feninte,* fermez la fenêtre, aussi bien que *clouaïe la feninte ;* mais c'est qu'il n'y a qu'une manière de fermer une fenêtre ; clore, comme clôture, se dit *s'accloure.*

Cŏ, adv., encore.

C'offii, écosser.

Couachi, cacher.

Coumme i faut, bien, très-bien, d'importance, comme il faut. Très-usité en patois.

Coupion, là où on met l'huile et la mèche dans les lampes et lanternes de cuisine.

Coupon, tison. *Au coupon don fu,* au coin du feu.

Courgie, fouet.

Coussette, coussi, lame de bois en forme de large sabre pour trier le chanvre.

Couvet, chaufferette.

Cramaïe, crameresse, écrémer la crème d'un pot ; écumoir.

Crantaïe, fatiguer ou être fatigué à l'excès, n'en pouvoir plus.

Crôcque (à), se dit d'un bâton ou d'un objet quelconque retenu en l'air ; par exemple, dans les branches d'un arbre, sur un toit, etc.

Crombire, pomme de terre

Croupinette, s. f., sommet d'un arbre, d'un édifice.

Croupson (à), accroupi.

D

Dâbo (Éte lé), être le jouet des autres, le dindon de la farce.

Dâii, aller aux fenêtres pendant les veillées d'hiver, s'entretenir avec les jeunes filles qui y sont et en déguisant sa voix, de questions de galanterie, de mariage.

Darin, dernier.

Dawe-treus, dawe-treuches, deux ou trois. Le patois, plus sensible qu'on ne le croirait aux hiatus, a reculé devant *dawe awe treus*, qui eût été réellement un peu lourd, et il a supprimé la conjonction *awe* (ou) pour dire *dawe-treus, dawe-treuches* : le premier au commencement ou dans le corps de la phrase, le second à la fin. *N'y aveut dawe-treus hoummes; l'atint dawe-treuches.* Il y avait deux ou trois hommes ; ils étaient deux ou trois.

Débocoraïe, marqué de la petite vérole.

Débriscâii, défait, qui a fait ribotte.

Débrôlaïe, déranger, renverser, défaire.

Décrammii, démêler les cheveux, un écheveau de fil.

Décrammiu, démêloir.

Ded'peu, depuis.

Défounaïe, enlever les fanes des carottes, des navets, etc.

Défrappouilli, couvert de haillons, de vêtements éraillés, en loques.

Défroumaïe, ouvrir ce qui était fermé.

Degriffougni, griffer, égratigner.

Dégrimounaïe (S'), murmurer, se démener entre ses dents.

Déhalle, s. f., débarras. *Balle déhale !* Bon débarras !

Déhüchi, injurier, donner des noms, comme disent les enfants. De *huchi*, appeler.

Demandaïe, demander, mendier. *Ollaïe demandaïe*, aller mendier. Il est curieux que le patois n'emploie pas le mot mendier, qui a quelque chose d'humiliant, comme s'il était trop près des malheureux réduits à cette extrémité. Il dit *demandaïe* pour mendier, et *pouve* (pauvre) pour mendiant. C'est une délicatesse dont il faut lui savoir gré.

Deugt, doigt.

Devant, devant, avant, qui ne se dit pas en patois.

Dévisaïe, causer, s'entretenir.

Dévŏlaïe, descendre.

Dévousii, tutoyer. *Dé-vous-ii*. Ne pas employer le pronom *vous*.

Dévudi, dévider. *Dévidu*, dévidoir pour mettre le fil en pièce.

Dia, diù, hotte, hu, expressions à l'usage des charretiers : *dia*, pour faire aller les chevaux à gauche ; *hotte*, pour les faire aller à droite, et *hu*, pour les faire avancer. *Tiraïe à diu et à dia*. Aller à droite et à gauche, ne savoir quel parti prendre.

Dieu, l'bon-Dieu, se dit comme en un seul mot, le patois ne dit jamais autrement que *l'bon-Dieu*, excepté dans les jurements, comme dans *Ma foé dé Dieu, Nom dé Dieu*, expressions très-familières aux paysans.

Disputaïe, gronder. *S'disputaïe*, se quereller.

D'laïe, auprès. *D'laïe lu, d'laïe léie.* Auprès de lui, auprès d'elle.

Dorâye, tartine.

Doure, dormir.

D'ri, déri, derrière. *D'ri la hâye.* Derrière la haie.

E

Ein, éne, einque, un, une, un. *Einque,* s'employant à la fin de la phrase : *N'y aveut qu'ein houmme; n'y a-n'aveut qu'einque.* Le féminin *éne* s'emploie indistinctement dans le corps ou à la fin de la phrase. Le masculin *ein* pourrait s'écrire et assez naturellement *in,* comme nous l'avons fait dans la grammaire, mais alors, le féminin *éne* ne se forme plus aussi naturellement ; les Allemands, du reste, écrivent *ein* (en prononçant l'*n*). C'est pourquoi nous croyons qu'il est peut-être préférable d'employer l'orthographe ci-dessus, sans toutefois vouloir nous prononcer autrement sur cette question.

Entiére, entier, étalon.

En vöie, en vouie, en route, parti, absent.

F

Fareau, jeune, beau, crâne et suffisant. *I fât s'fareau.* Il se rengorge, il pose.

Farfouilla, farfouilli, trop pressé, s'occupant de petites choses et les embrouillant; se trop presser dans sa besogne et la mal faire, fureter en mettant tout en désordre. *Elle ait farfouilli plé m'n'aumare.* Elle a tout retourné dans mon armoire.

Fawne, fane de carottes, de pommes de terre, etc.

Fé, fer. L'*é* se prononce comme dans *chapé* (cha-p.), et non comme dans *étouffé.*

Fénon, dent d'une fourche.

Fernawaïe, nouer d'un nœud entremêlé.

Feune, fourche en fer à deux ou trois dents.

Fieu, adv., dehors.

Filoppe, vieux linge. *Défiloppaïe,* se dit d'un vêtement usé dont les fils s'éraillent, comme au bas d'un pantalon, par exemple, ou au bout des manches d'une veste.

Flauve, fable.

Flâyé, fléau pour battre le blé.

F'no, fenaison.

Fon, foin.

Foû, adv., fort. *Fort,* adj., se dit *foûrt.*

Fougni, se dit des animaux, et particulièrement des porcs furetant dans les immondices, et s'applique, par une extension grossière, à celui qui met son nez partout.

Fouii, ôter, enlever. *Fouiaïe-v'.* Otez-vous.

Foûnette. On désigne ainsi des espèces de vieilles sorcières des bois et des champs, dont on effraie les enfants pour les empêcher de s'éloigner seuls du village. Ce mot doit tirer son étymologie des anciens *faunes.*

Fous, foute, expression grossière et énergique, dont l'usage constamment répété et appliqué à propos de tout, déshonorait le patois, mais qui tend à disparaître du langage des paysans eux-mêmes, sous l'heureuse influence de l'éducation des campagnes. On disait à chaque instant, et on dit encore bien un peu : *Fouteus-m' la paix, fous-m' lé camp, awe jt'é fous éne giffe.* Laissez-moi tranquille, va-t-en, ou je te donne une gifle. *Quaïe foutu temps*, etc., etc. Quel vilain temps, etc., etc.

Frappouille, vieux linge, haillon.

Froumagie, s. f., fromage blanc.

Froumaïe, fermer.

Froumereu, fumier.

Froumion, s. m., fourmi.

Fruyawe, frileux.

Fuant, s. m., taupe.

G

Gabelou, douanier, l'ancien sergent des gabelles.

Gâchon, garçon. Le patois de Fillières ne connaît pas le mot *gâche* (fille), employé dans beaucoup d'autres dialectes, notamment dans le patois messin.

Gaffaïe, donner à manger à satiété. *S'gaffaïe*, manger à l'excès, se bourrer.

Gâgi, parier, faire un procès-verbal pour délit rural ou autre.

Gaïe, chèvre.

Geau, coq.

Gens d'journâye, manœuvres travaillant à la journée.

Gens (Noûs). Les enfants mariés désignent ainsi leurs pères et mères.

Gens (Noûs jones). Les pères et mères désignent ainsi leurs enfants nouvellement mariés.

Gent (Éne jone), jeune fille ou jeune femme. Ce substantif,

mis au singulier, n'a pas passé dans la langue française.

Gentil, sage, doux, aimable. *C't'afant-là est bin gentil.* La lettre *l* ne se fait pas sentir, excepté un peu au féminin, qui fait *gentille.*

Geumelaïe, gémir.

Geurnâye, ce que peut contenir un tablier.

Goulaffe, gourmand, glouton.

Gripet, côte peu longue, mais très-rapide.

Grippaïe, grimper.

Gueulté, pron. *gueul-t.*, étui à épingles.

H

Handlaïe, monder les bestiaux.

Hâquin, s. m., paille coupée menue pour la nourriture des bestiaux.

Hasseu, objet qui traîne et embarrasse, n'étant pas à sa place, comme un linge au milieu d'une cuisine.

Hâwaïe, hâwé, piocher, pioche, houe.

Hawre, heure. Dans les mots composés, on dit *heure. A la bounne heure !* A la bonne heure ! terme d'approbation. *A c't hawre.* A cette heure, maintenant, qui ne se dit pas en patois. *T'à l'hawre.* Tout à l'heure.

Hayet, maillet de bois.

Hérde, s. f. (*h* aspirée), troupeau.

Hessi, exciter un chien à aboyer ou à mordre.

Heuche, s. m., porte. D'où l'ancien mot *huis.*

Higni, hennir.

Hippaïe, crier pour appeler quelqu'un de loin, jeter des cris de folle gaieté ou de réjouissance.

Hirpe (*h* aspirée), herse.

Hocheu, hier. *Devant-hocheu*, avant-hier.

Hŏdaïe, fatiguer, être fatigué, mais beaucoup moins que *crantaïe*, qui manque aussi à la langue française.

Hollâye, averse, ondée, tombant abondamment, ou sur le point de tomber.

Hollé (*é* fermé), petit monticule.

Holonde, hirondelle.

Hoüii, appeler, faire venir.

Hourlon, hanneton.

Housette, guêtre. D'où *housian* et *houseau*, de l'ancien français.

Housse ! interj. Mot qu'on adresse aux chiens pour les chasser, et que les paysans s'adressent quelquefois entre eux.

Hûlaïe, se dit du vent qui souffle ou gémit avec violence, des chiens ou des loups qui hurlent, d'un individu qui en poursuit un autre de ses cris et de ses invectives.

Hunaïe. Ce mot indique un usage assez singulier qui se pratique dans quelques villages, et notamment à Fillières, ou du moins qui s'y pratiquait autrefois, car il tend à disparaître, comme tous les anciens usages populaires. Tous les ans, pendant les trois premiers jours du mois de mai, les jeunes gens cherchent à surprendre une jeune fille du village, et, la soulevant par la tête et par les pieds, l'un d'eux passe trois fois dessous ; dès lors, elle est *hunâye* et à l'abri de toute nouvelle poursuite. Les jeunes filles, quand elles le peuvent, en font autant aux garçons de leur âge.

I

I, is ou ils, pr. pers. ; 3e personne masc., *il, ils ;* au fém. sing. ou pl., *elle ou elles.* L's, dans tous les cas, ne se fait jamais sentir ni au masc. ni au fém. *Is vont, is venint,* ils vont, ils venaient ; *elle avant arrivaïe,* elles sont arrivées. Devant les verbes commençant par une voyelle, c'est l'*i* du pronom *il* qui disparaît ainsi que l's au pluriel, et il ne reste plus que *l, l'aime mieux, l'avant arrivaïe,* il aime mieux, ils sont arrivés ; et quand il est impersonnel et suivi de *y* ou de *y en,* le pronom *il* disparaît entièrement et est remplacé par *n'* : *N'y arait bintoût treus ans,* il y aura bientôt trois ans (voir *Grammaire,* p. 35.)

In, inque, un. (Voir *ein.*)

Innut, pr. *ainnut,* aujourd'hui ; *maïnnut* (mihuit), souvenir du temps où les Gaulois comptaient par les nuits les intervalles de temps que nous nommons des jours, et dont on retrouve encore des traces dans la loi salique. Cette expression *innut, à-nut* pour *aujourd'hui,* s'est conservée dans la plupart des patois, et le vieux français l'employait encore au xvie siècle.

J

J' ou jé, pron. pers. sing. de la 1re personne ; s'emploie aussi dans les verbes pour la 1re personne du plur. *nous*, qui ne s'emploie pas dans ce cas. *Jé revenrans demě*, nous reviendrons demain.

Jocque (A), se dit des poules rentrées au poulailler ou sur leurs perchoirs.

Jolonde, dévidoir pour mettre le fil en pelotte.

Jŏne, oiseau, jeune. *Jŏne gent.* (voir *Gent*).

Joyawe, joyeux.

Jûne, jûnaïe, jeûne, jeûner.

L

Lacé, lait, pron. *la-c.*, et non comme dans *lacé*, du verbe lacer.

Lapin, mélange de sons, de pains d'huile, de menue paille et d'eau grasse, pour les vaches.

Léie, léies, lu, pron. de la 3e pers., elle, elles, lui.

Litaïe, donner de la litière aux bestiaux.

Liternâye, portée de petits cochons.

Livret, s. m., table de multiplication.

Longsé (pron. *lonzé*), lambin, qui marche ou agit lentement.

Lurette, ne s'emploie que dans cette phrase : *N'y ait balle lurette*. Il y a longtemps.

M

M', mie, pas, adv. de négation que le patois n'emploie jamais. *Jé n'lé connais-m', jé n'pense mie*. Je ne le connais pas, je ne pense pas.

Macheuraïe, noircir, particulièrement avec de la suie ou du charbon.

Maïe, jardin.

Maïe ! meu ! n'est-ce pas ! (Voir *N'ém ?*).

Malin, méchant. *L'est malin coumme la gale.*

Manre, mauvais.

Marandaïe, goûter. Repas que l'on fait l'après-dîner dans les grands jours, et qui consiste généralement en tartines et laitage.

Mascarade, s. m., qui se masque et se déguise aux jours gras. *Fare les mascarades.*

Mât, s. f., pétrin. *Comme la paste dans la met* (Rabelais).

Mâte, maître. *Ollaïe à mâte*, aller en condition. *Note mâte*, celui chez lequel on est en condition; cette expression se perd dans les campagnes. *Mâte d'icole*, maître d'école.

Măton, lait caillé.

Mau, mal. On ne dit pas comme en français : Avoir mal à la tête, aux dents, à l'épaule; on dit *Awoir mau la tête, les dents, l'époûle.*

Mawlt, moult, beaucoup. (Voir *Tout-plé.*)

Mawre, moudre.

M'chon, moisson. *Houmme dé m'chon*, moissonneur.

Mé, main, pron. ; *é* très-fermé, et non comme dans *nommé*.

Méli-méla, pêle-mêle.

Mente, s. f., mensonge.

Mention (Fare), faire semblant.

Mi, moi. *L'ait venin aveu mi ;* il est venu avec moi.

Miâwe, miaulement du chat.

Miâye, lait avec du pain émietté, qu'on donne généralement aux domestiques ou gens de journée, pour le goûter, qu'on appelle *marandaïe*.

Mignot, enfant gâté. (Voir *Amignotaïe*.)

Mirguet, lilas.

Mitan, s. m., moitié.

Monde (Venin au), venir au monde, naître. Ce verbe *naître* est à peu près inusité dans le patois.

Mouchet, moineau.

Mougni, manger. Ne se dit qu'en parlant de certains animaux, et particuliérement des chiens.

Mounaïe, mener, *amounaïe*, amener, *ramounaïe*, ramener.

Mours-ive, ivre-mort.

Mousinaïe, pleuvoter, *i mousine*, il tombe une petite pluie fine. (Voir *Brussenaïe*.)

Mussat, s. m., blouse.

N

Nachon, difficile sur la nourriture.

Nawaïe, Noël.

Nawaïe, nouer. *Fernawaïe*. (Voir ci-dessus.)

Nawyon, noyau.

N'ém ? n'eum ? maïe ? meu ? N'est-ce pas ? avec cette nuance que *n'ém* et *n'eum* s'adressent à des gens qu'on tutoie ; *maïe*, à des personnes à qui on parle avec douceur, avec égards, au sing. comme au pl. et au masc. comme au fém. ; *meu*, à une personne à qui on parle sans gêne, et au masc. pl.

Nettii, nettoyer.

Nient, nenni, non. *N'y ait austant d'nient qué d'scient*. Il y a autant de non que de oui, autant pour que contre.

Ninque, nid.

Nonon, oncle.

Nouffii, flairer. Se dit d'un chien, par exemple, qui flaire un morceau, et par extension d'un homme qui furète partout. *Qu'est-ce qué t'vins nouffii par ci, ti ?* Qu'est-ce que tu viens chercher ici, toi ?

Nounette, épingle.

Noŭs, voŭs, nous, vous.

Noûs, voûs, nos, vos.

Nöyalle, ivraie, graine noire dans le blé.

Nujette, nujetti, noisette, noisetier.

Nut, nutie, nuit. *A la nut, sus la nut*, le soir, sur le soir.

O

Œil, œils, œil, yeux.

Öii, ouïr, entendre. Le français dit *entendre* et n'emploie guère le verbe ouïr qu'à l'infinitif et aux temps composés. Le patois, au contraire, n'emploie pour ainsi dire jamais le verbe entendre, et ne fait usage que du verbe *oii*, qu'il met à tous les temps ; comparé à *choutaïe*, *écoutaïe*, le verbe *oii* a sa signification propre. *Choutaïe* indique une tension de l'oreille, *écoutaïe* une attention de l'esprit ; on dit, il est vrai, *j'l'écouteus des dawes oreilles*, mais cela signifie *attentivement*. *Oii* n'implique ni tension de l'oreille, ni tension de l'esprit : *J'a oii dére*, j'ai ouï dire ; *j'a oii tiraïe*, j'ai entendu un coup de fusil.

Oïl, oui, d'où est venu pour la langue du Nord, où cette affirmation était en usage, le nom de *langue d'oïl*, par opposition à la *langue d'oc*, celle du Midi.

où l'affirmation s'énonçait par le mot *oc*. *Oïl* vient de *hoc illud*, c'est cela même ; le Midi s'est contenté d'emprunter au latin le mot *hoc* (cela, c'est cela), le latin n'ayant pas un mot propre pour dire *oui*.

Ollaïe, aller. *S'an'ollaïe, s'a'renollaïe* ou *s'arenollaïe,* s'en aller, s'en retourner.

Ollâye, allée.

Opérateur, comédien ambulant, saltimbanque.

Orgette, oseille.

Oûie, oie.

Ousson, oison.

P

Paché, paisseau, échalas ; *é* fermé plus que dans *péché*.

Pâchon, portion de biens communaux partagée entre les habitants.

Pâchoune, personne, négation. *J'n'a vu pachoune.*

Pad'veu, vers. S'emploie à l'occasion d'une date dont on n'est pas sûr, et quand il s'agit d'un endroit, le détermine plus approximativement que *pad'vo*. On dit : *pad'veu l'nouvel an, pad'veu l'sentier des dames,* ou *la pièce Saint-Airy,* pour dire : dans les environs du sentier des dames, de la pièce Saint-Airy, et *pad'vo les champs,* dans les champs, sans trop dire où.

Pâquette, buis. Par allusion, peut-être, au dimanche des Rameaux, qui précède la fête de Pâques, et où l'on bénit le buis.

Par ainsi, ainsi.

Pateuraïe, pateuré, pâturer, pâtureau.

Patin, s. m., pantoufle.

Paume, s. f., épi de blé ou d'avoine.

Pawe, peur.

Pé, s. m., pron. *p* et non comme dans *frappé*, pain.

Pé, s. f., pron. *p*, peau.

Péle, poêle à frire.

Pelle, s. m., la belle chambre de la maison.

Pend'oreilles, pendant d'oreilles.

Pétiot, petit.

Pétits ! pétits ! cri pour appeler les poules et les poussins.

Peut, peute, laid, laide.

Pézé, vesce, plante légumineuse pour les bestiaux.

Pi, pied.

Piéton, facteur des postes.

Pinson, onglée aux doigts.

Pioune, pivoine.

Plé, plein.

Plouve, pluie. *Parapuie,* parapluie.

Pois d'seuque, bonbons, sucrerie.

Polaïe, chauve.

Poquette, petite vérole.

Posson, pot à laitage. « Un posson de laict d'asnesse. » (*Satyre ménippée,* Ed. Jouaust, p. 42.)

Potâye, plat de légumes.

Poû, peu.

Pougne, poing.

Pouille, pouillon, poule, poussin.

Pouillerie, s. f., poulailler.

Poulé, poulain ; *é* fermé, et non comme dans *foulé*.

Poupe, poupée.

Pouve, pauvre. (Voir *D'mandaïe.*)

Puge, puits.

Q

Quârte, quarte, mesure pour les grains, contenant quatre bichets. A Fillières, qui était de l'ancien Barrois non mouvant, on faisait usage de la quarte de Bar, qui contenait 70 litres pour le blé et 96 pour l'avoine, l'avoine se mesurant au bichet comble.

Quăwaïe, aquăwaïe, sans queue attacher par la queue. Se dit particulièrement des chevaux qu'on attache ainsi à la suite l'un de l'autre.

Qué-ce-feut, quand même, cela ne fait rien.

Queuvéie, queuvii, litière, donner de la litière aux bestiaux.

Queuvion, cuveau, cuvelet.

Quillie, cuiller. *Quillie à pot,* grande cuiller.

Quosi, quosiment, quasi, presque, qui ne se dit pas en patois.

R

Racaillon, couvreur en ardoises.

Rachamplaïe, répandre, éparpiller.

Rachevi, achever.

Rafourâye, herbe qu'on va fourrager dans les champs pour la donner aux bestiaux. *Ollaïe à la rafourâye.*

Ragagi, rattraper adroitement et vivement un objet qui tombe ou qu'on vous jette en jouant.

Raïe, *au raïe dé,* au rez de.

Raii, arracher.

Rămon, balai. *Ramounaïe,* balayer.

Ramounaïe, ramener.

Ranglaïe, râler.

Rappouilli, r'habiller. *L'ateut joliment rappouilli,* mis à neuf.

Rat-de-cave, employé des contributions indirectes.

Rebinaïe, aller marauder dans les vergers après la cueillette des fruits. Pron. *r'binaïe* comme dans tous les mots ci-dessous, l'*e* qui suit l'*r* initial ne se faisant pas entendre, à moins qu'il ne soit frappé d'un accent, comme dans *réche.*

Reboulaïe (Sé), se faire une entorse.

Réche, reste. *L'est d'réche là haut,* en parlant d'un objet qui a été oublié ou qui est resté là-haut.

Rechigni, contrefaire, singer par dérision les gestes ou la voix de quelqu'un.

Recinaïe, faire collation la nuit; ne se dit guère qu'à propos de la collation qu'on a l'habitude de faire en sortant de la *messe à minuit.*

Regardaïe, regarder. On dit aussi quelquefois dans le même sens, mais bien plus rarement, *rewati,* qui appartient beaucoup moins à Fillières qu'aux villages voisins.

Rendquaïe, vomir, par suite d'excès de boisson.

Ressenaïe, ressembler.

Retrais, sous, résidu du blé.

Revénant, fantôme, apparition d'une personne morte. On remplit sottement de cette idée l'imagination des enfants.

Ribotte, soulerie. *Fare ribotte,* s'enivrer, se soûler.

Röie, raie. *A la röie,* à chacune des trois saisons, le ban étant divisé en assolement triennal: la saison des blés, celle des avoines et celle des versaines.

Rond (Dansi au), danser en rond, comme les jeunes filles le faisaient habituellement autrefois pendant les longues soirées d'été, sur la place du village, en se tenant par la main et en chantant des rondes populaires. *On olleut au rond.* Les jeunes garçons n'en étaient pas exclus.

Roussiau, roux.

Rouyette, s. f., rouleau de pâte, cuite au four, avec une pomme au milieu, le grand régal des enfants.

R'té, râteau et râtelier ; *é* fermé comme en prononçant la lettre *t* seule ; on peut également écrire *reté,* avec le premier *e* muet.

Rue, rue et roue.

Ruminaïe, penser, réfléchir, songer à quelque chose, se remémorer.

S

Sage-houmme, le mari de la sage-femme.

Saïe, s. m., sel.

Saïe, s. m., seau.

Saulx, s. f., saule.

Savu, su, part. passé du verbe *sawoir,* savoir.

Säyette, petit seau dans lequel on trait les vaches.

Schnappe, s. m., eau-de-vie de pommes de terre ou de grains.

Sçoyawe, scieur de long.

Sçoyette, sçoii, scie, scier.

Séholle, s. f., fossé creusé et généralement recouvert pour l'écoulement des eaux. Semble venir de l'hébreu, dont le mot *sheol* signifie fosse, enfer.

Seugnon, sureau.

Si-est, si-fât, si, si fait. Le premier bien plus usité que le second.

Sinaïe, signer.

Sinau, grenier à foin.

Sinnaïe, sonner.

Slo et **sélo,** soleil. *L'ait attrapaïe ein coup d'sélo.*

Solaïe, soulier.

Soquettes, ételles, racines d'arbres arrachés.

Soûl, ivre, en ribotte.

Sourvoir, apercevoir comme à la dérobée, un instant.

Soutit, à la maison, chez soi ; abrév. de *sous l'tit,* sous le toit. *I n'est-m'soutit,* il n'est pas à la maison ; c'est ainsi qu'on me répondra si je vais demander chez lui quelqu'un qui est sorti ; mais si on parle de quelqu'un qui est absent, on dira plutôt : *I n'est-m' chuz lu.*

Soutraïe, l'endroit, près de la grange, où l'on entasse les gerbes que l'on rentre à la moisson.

Synodal, marguillier.

T

Tageaïe-v', tageux-v', ta-tê, taisez-vous, tais-toi.

Talle, ételle.

Tambouraïe, battre du tambour, annoncer à son de caisse.

Tanfii, souffler, être essoufflé.

Tartallé, crécelle. Se dit, par extension, d'une femme qui parle beaucoup.

Tât' ! olleux ! ollaïe ! Espèce d'interjection qui marque la surprise, l'inquiétude, et qui semble aller au-devant d'un démenti ou d'une parole rassurante : *Ce n'est-m' vrá, tât' ? Vé n'y atins-m', ollaïe !* Ce n'est pas vrai, va ! Vous n'y étiez pas, allez ! c'est-à-dire : Vous n'y étiez pas, j'espère !

Tauille, table. D'origine celtique : *taol*.

Tawille, extrémité inférieure du chaume resté adhérent à la terre après le sciage ; *les tawilles dé blaïe*, les chaumes de blé.

Temaïe, tomber ; pron. *t'maïe*.

Templaïe, dresser les gerbes aux champs.

Tessi, teter. *Bailli à tessi*, allaiter un enfant.

Teucherand, **teuchi**, tisserand, tisser.

Tilli, détacher avec la main le filament du chanvre.

Tinaïe, tonner.

Tiran, tiroir.

Tôlaïe, talé, meurtri, en parlant d'un fruit. Le français abandonne le mot *taler*, sans le remplacer.

Touffi, étouffer.

Toupaïe, couvrir ; *détoupaïe*, découvrir.

Tourchi, essuyer.

Tourté, gâteau. Pron. *tour-t*.

Tourtelot, pâte découpée en petits morceaux, assaisonnée au vinaigre. On en mange le vendredi saint pour éviter d'avoir la fièvre pendant l'année.

Tourtout, **tourtous**, **tourtoutes**, tout, tous, toutes.

Tout-chaqu'ein, chacun.

Tout-ci, **tout-là**, ici, là.

Tout-partout, partout.

Tout-plé, beaucoup. Le français dit *beaucoup*, et jamais *tout-plein*, qu'il n'a pas adopté ; le patois, au contraire, n'emploie jamais le mot *beaucoup* et ne fait usage que des mots *tout-plé* et *mawlt*, ce dernier emportant

avec lui l'idée d'une abondance qui touche à l'excès. C'est encore une nuance que le français, malheureusement, ne sait pas rendre.

Touzaïe, tondre, émonder, en parlant d'une haie ou d'un arbre.

Tré, paille, chaume de blé ou d'avoine après le battage.

Trébos (Les), les répons de la messe.

Trésolaïe, trembler, tressaillir. Se dit des choses qui tremblent, comme un plancher sous un poids trop lourd, ainsi que des personnes qui tressaillent de peur.

Treubchi (S'), verbe pronom., trébucher.

Treus, **treuches**, trois. (Voir *Dâwe-treus*.)

Tricoisse, tenaille.

Triôlaïe, aller, venir, s'agiter sans rien faire.

Triplaïe, piétiner, trépigner.

V

Vahyn, s. m., pelle à feu. Pron. comme dans *doyen*.

Vaillance. *Éne balle vaillance*. Une jolie action ! Un beau chef-d'œuvre ! Par dérision, se dira, par exemple, à quelqu'un qui aura commis quelque maladresse.

Valet, domestique. *L'grand valet*, le premier valet de ferme.

Vârot, verrou.

Vasé, vase en bois.

Va-t-en d'zan, va, va-t-en.

Vé, veau. Pron. *v* et non comme dans *trouvé*.

Véche, ver de terre.

Veillie, veillée. *Ollaïe à la veillie.* Aller à la veillée, usage qui se pratique entre parents ou entre voisins pendant les longues soirées d'hiver, où les hommes et les femmes se réunissent, les uns pour causer, les autres pour filer ou tricoter.

Vichou, s. m., fouine.

Vous (voir *Nous*).

W

W. S'emploie fréquemment dans le patois, avec la prononciation de *oua*, au commencement des mots, et de la diphthongue allemande *äu*, qui n'a pas d'équivalent eu français, dans le corps des mots.

Wâ, guère.

Wâfe, gaufre.

Wahin, culture et ensemencement des blés.

Waïe, gué. Pron. comme l'interj. *ouais.*

Wâïsse, motte de terre dans les champs.

Wape, guêpe.

Wărdaïe, garder.

Wârde (D') *d'awârde,* de garde. *S'bailli d'wârde,* se donner de garde.

Wăte, sale.

Wătine, petite saleté. *J'a éne watine dans l'œil.*

Wătinerie, saleté, méchanceté. *I'm'ait fât éne watinerie.* Il m'a fait une saleté.

Woir, voir. Ce mot est peut-être le seul, en patois, où le *w*, au commencement du mot, ne soit pas suivi de la lettre *a*, et encore se prononce-t-il comme s'il y avait un *a : ouar. J'woirans ; faurait woir cela.* Nous verrons ; il faudra voir cela. Pron. *j'oirans, faurait oir cela.* Remplace le verbe voir à tous les temps, excepté au participe passé, qui est *vu.*

Z

Zawe (L', la), pron. poss., le leur, la leur.

Zawes (Les), les leurs. A eux, à elles, se disent aussi *à zawe.* Qu'il soit ou non précédé de l'article, le pron. poss. *leur, le leur,* est le même en français, tandis qu'en patois, *leur, leurs,* se disent *loŭ, loŭs. Loŭ majon, loŭs parents,* leur maison, leurs parents ; *j'lous-y a dit,* je leur ai dit. Et *le leur, la leur, les leurs,* avec l'article, se disent : *l'zawe, la zawe, les zawes.* D'un autre côté, les pron. *le leur, la leur, les leurs,* et *celui, celle, ceux,* qui n'ont guère d'analogie en français, se ressemblent fort en patois, où l'on dit : *l'zawe, la zawe, les zawes,* le leur, la leur, les leurs ; et *l'çawe, la çawe, les çawes,* celui, celle, ceux.

Zobaïe, fermer une porte avec violence.